Werner M. Ruschke

Pest, Cholera und Corona
in der Belletristik

Der Autor

Werner M. Ruschke, geb. 1948. Studium der ev. Theologie in Berlin, Bonn und Münster, dort auch Promotion. Gemeindevikariat in Dortmund und Rom/Italien, Pressevikariat in Bielefeld.
Berufsstationen: Hilfsdienst in Bergkamen und Krombach; Gemeindepfarrer in Hagen; verantwortlich für Zentrale Öffentlichkeitsarbeit und Spendenwesen in den v. Bodelschwinghschen Anstalten Bethel in Bielefeld; Ephorus des Predigerseminars der Evangelischen Kirche von Westfalen in Soest; Vorstandsvorsitzender des diakonischen Unternehmens Evangelisches Perthes-Werk e.V. in Münster.
Ruhestand seit 2014.

Zahlreiche Veröffentlichungen zur systematischen Theologie, zu Theologie und Literatur und vor allem zur diakonischen Theologie. Vielfältige geistliche Beiträge in Zeitungen und Zeitschriften. Fast vierzig Jahre unterschiedliche kirchliche Sendungen – zumeist im Westdeutschen Rundfunk und im Deutschlandfunk.

Pest, Cholera und Corona in der Belletristik

Wege der Verantwortung

Werner M. Ruschke

Steinmann

1. Auflage

Covergestaltung: Gabriel Steinmann, München
Herstellung: BoD – Books on Demand GmbH, Norderstedt
Printed in Germany
ISBN 978-3-927043-87-9

www.steinmannverlag.de

Gisela

gewidmet

Inhaltsverzeichnis

Vorwort

Literatur erwächst aus der Beschreibung, Gestaltung und Deutung von Leben, Lieben und Leiden sowie nicht zuletzt von deren Krisen. Es dürfte keine krisenhafte Lebenssituation geben, die nicht literarisch thematisiert und gewürdigt wurde. Gleiches gilt natürlich auch für die darstellenden Künste. Die ersten literarischen Arbeiten zu den Auswirkungen des Corona-Virus Covid-19 sind bereits erschienen. Vor diesem Hintergrund wird betrachtet, auf welche Weise die Seuchenthematik bisher in der belletristischen Literatur aufgegriffen wurde. Gefragt wird dabei vornehmlich, ob und wie über die Darstellung der jeweiligen medizinischen, gesellschaftlichen und politischen Umstände hinaus ethische, religiöse oder theologische Aspekte gewürdigt werden. Schließlich wird geprüft, welche Folgen daraus für das pastorale Handeln der Kirchen gezogen werden können oder sollten.

Diese Arbeit entstand nicht aus literarhistorischem Interesse, sie war vielmehr geleitet von dem Wunsch zu erfahren, ob und wenn ja, welchen bleibenden Gegenwartswert die bisherige belletristische Seuchen-Literatur hat. Also: In welcher Weise verarbeiten Schriftsteller unterschiedlicher Zeiten und Generationen die Grenzerfahrungen von Seuchen und Epidemien? Spiegeln sich in ihren Werken wiederkehrende Grundmuster, in denen wir Heutigen uns wie in einem fernen Spiegel wiedererkennen können? Und: Können sie möglicherweise hilfreich sein für unser eigenes Verstehen und Handeln in Pandemie-Zeiten? Zwar bemerkt Friedrich Nietzsche: „Zu allem Handeln gehört vergessen."[1] Gleichwohl dürfte es kein Nachteil, sondern durchaus von Nutzen sein, sich an die Erfahrungen und

Erkenntnisse sowie an die Fehler und Fragen der Vorderen kritisch zu erinnern, um heute verantwortungsvoll zu urteilen und zu handeln.

Eine erste sehr viel kürzere Vorfassung dieses Buches mit lediglich zwölf vorgestellten Titeln wurde im Juni 2020 abgeschlossen und unter dem Titel „Leben, Lieben und Leiden in Pest und Cholera" in der Zeitschrift des westfälischen Pfarrvereins PV-Info 2/2021, Seite 5-23, veröffentlicht. Die anhaltende Corona-Zeit führte zu einer weiteren Auseinandersetzung mit der Thematik und begünstigte dabei vor allem eine theologische Vertiefung mitsamt einer kritischen Sicht manchen kirchlichen Handelns und Schweigens. Karl Barth schrieb einmal, dass er zum Verständnis seiner Gegenwart abwechselnd über der Bibel und der Zeitung brüte; ich für meinen Teil ergänze als Drittes die Belletristik.

Die Literaturbeispiele werden in der zeitlichen Reihenfolge ihres ersten Erscheinens in der Originalsprache vorgestellt. Die im Folgenden nach Zitaten stehenden eingeklammerten Seitenangaben beziehen sich auf das im jeweiligen Teil behandelte Werk.

Soest im Januar 2022 *Werner M. Ruschke*

1. Giovanni Boccaccio: Das Dekameron (1351)

„Das Dekameron“[2] gilt mit als Ursprung der italienischen Prosa und wurde zum Vorbild vieler abendländischer Novellensammlungen. Das Buch spielt im Jahr 1348. In Florenz, wo Boccaccio aufgewachsen ist, wütet wieder einmal die Pest. Der damals 35-jährige Autor gibt somit eigenes Erleben wieder, wenn er ausführlich und detailreich das tödliche Wirken der Epidemie schildert (13-22). In allen gesellschaftlichen Schichten der Stadt sind Opfer zu beklagen, jedoch war „die Lage der kleinen Leute noch viel elender“ (19) als die der Bessergestellten. Die Zahl der Verstorbenen nimmt derart rasant zu, dass anstelle von Einzelbegräbnissen ein anonymes Verscharren in Massengräbern tritt.

Das alles führt zu anarchischen Zuständen in Florenz. Moralische Orientierung geht verloren, und darunter leidet auch die Ordnung des Gemeinwesens. Aus Angst vor Ansteckungen verbreiten sich Egoismus und Rücksichtslosigkeit. Die meisten „vermeiden ... auf das sorgfältigste, den Kranken zu begegnen“ (19). Manche suchen der Pest durch Askese und Gebete das ihnen Mögliche entgegenzusetzen, während andere in verzweifelter Hemmungslosigkeit aus sind auf rücksichtslosen Genuss.

Noch weiß man nicht, wie die Pest im Einzelnen übertragen wird. Man nimmt an, dass sie „entweder durch Einwirkung der Himmelskörper oder im gerechten Zorn über unseren sündigen Wandel von Gott als Strafe über den Menschen verhängt“ (14) wird. Abgesehen von der Frage, ob gegen ein übernatürliches Eingreifen ein menschengemachtes Medikament überhaupt wirksam sein könnte, gibt es ein solches gar nicht. Erfahrungsgemäß ist nur ein Mittel einigermaßen erfolgversprechend, nämlich die Flucht vor der Pest. „Selbst die Doktores der Sorbonne wußten nur dieses Hilfsmittel: früh, schnell und lange zu fliehen.“[3]

Der Flucht-Rat „citus, longus, tardus“ geht auf Hippokrates zurück[4]. Diese ‚Medizin‘ war zumal unter Begüterten weit verbreitet, obwohl sie ja auch eine gesellschaftliche Entsolidarisierung bedeutete. Die Kirche billigte sie zumindest, nicht zuletzt, weil auch höhere kirchliche Würdenträger sie gerne anwandten. Viele Ortspriester hingegen blieben trotz der Todesgefahr ihren seelsorgerlichen Verpflichtungen treu. Allerdings gab es auch heftige innerkirchliche und theologische Kritik an der Fluchtpraxis, die sich im Extremfall auf einen dem Fatalismus nahen Prädestinationsglauben stützte, der über das Gebot des Selbstschutzes gestellt wurde.

Eine Flucht besonderer Art verabreden auch in der Kirche Santa Maria Novella sieben Damen und drei Herren. Sie sind so etwas wie die Jeunesse dorée: jung, wohlhabend, literarisch gebildet, musikalisch begabt und mit gesellschaftlicher Etikette vertraut. Sie ziehen sich zurück nach Fiesole nahe Florenz, um in einem herrschaftlichen Palazzo „unter Ergötzen und Lustbarkeiten“ (26) das Leben zu genießen. Sie flanieren im Park, singen, tanzen, goutieren ausgesuchte Speisen und Weine: „Gefällige Scherze und gemeinsame Heiterkeit würzten die Gerichte“ (31).

Hier nun endet die Rahmenhandlung, und der dann einsetzende lange Hauptteil hat einen gänzlich anderen Charakter. Die Zehn verständigen sich nämlich darauf, dass für jeden Tag eine oder einer von ihnen zur Königin oder zum König bestimmt wird mit der Aufgabe, jeweils zehn Geschichten zu erzählen.

Und so schließen sich denn insgesamt einhundert Erzählungen an – die meisten drehen sich um Liebschaften und frivole Affären. Es geht in ihnen zum Teil recht deftig zu, geschildert in Formulierungen, die, so heißt es in den Nachbemerkungen des Autors, möglicherweise „irgendeiner Betschwester nicht genehm" (847) sind. Unverblümt wird immer wieder bigottes Verhalten des Klerus kritisiert und lächerlich gemacht. Boccaccio hat dabei nicht selten bereits vorliegende literarische Stoffe und Motive aufgegriffen, bearbeitet und eigenständig umgestaltet. Anscheinend hat dieses menschliche Panoptikum von Eitelkeiten, Verfehlungen, Späßen und Burlesken mit der Pest rein gar nichts zu tun, und doch haben sie genau diese zur Voraussetzung und sind eine auf den ersten Blick nicht unmittelbar zu erkennende Antwort darauf.

Die Zehn fassen ihren Plan in Santa Maria Novella. Diese Kirche mitsamt dem dazugehörigen Kloster ist ein Zentrum der Dominikaner. Diese fordern ähnlich wie auch andere Orden in dieser Zeit eine eher weltverneinende Lebenseinstellung und eine innere Vorbereitung auf Sterben, göttliches Gericht und ewiges Leben. Angesichts des allgegenwärtigen Endes – nicht nur zu Pestzeiten – finden derartige Predigten durchaus Anklang, sind sie doch ein beredtes Memento mori, eine Erinnerung an Sterben und Tod, von denen niemand verschont bleibt. Ein vergleichbares Memento mori ist Boccaccios realitätsgesättigte Schilderung des Pestjahres 1348.

Diesem Memento mori wollen die Zehn ein Momentum vitae gaudii, einen Anstoß zur Lebensfreude und ein Fest des Lebens, entgegensetzen. Während Paul Gerhardt unmittelbar nach Ende des Dreißigjährigen Kriegs niedergeschlagene und verzweifelte Menschen trösten will, indem er sie 1653 in „Geh aus, mein Herz, und suche Freud“ (Evangelisches Gesangbuch 503) einlädt, sich an den bleibenden Schönheiten von Gottes Natur zu erfreuen, gestalten die zehn jungen Leute ihre Freude selbst durch Kulinarik und Kultur. Nicht in einer Kirche mehr suchen sie Trost, sondern in Palazzo und Park sowie in den Künsten von Küche, Keller und Kultur. Die Kirche hat für sie kaum noch Bedeutung, hat sie doch auch aufgrund ihrer in den erzählten Geschichten genussvoll ausgebreiteten Doppelmoral den Kredit verspielt. Zur selben Zeit verliert auch das Papsttum an Bedeutung, was unter anderem am Schisma von zwei gleichzeitig amtierenden Päpsten in Rom und Avignon ablesbar ist.

Zudem findet sich in den Geschichten eine sehr libertäre Moral, die sich abwendet von gesellschaftlich geforderten Verhaltensweisen. Nun aber hat sich genau diese Moral in der Krise der Pest als brüchig erwiesen, weshalb sie das Recht verliert, Abweichendes als unmoralisch zu verurteilen. Wohlgemerkt, die zehn jungen Leute erzählen lediglich von einer möglichen libertären anderen Moral, leben sie aber nicht selber aus, denn ihr Miteinander wird als überaus sittsam geschildert. Ausdrücklich lobt der König des letzten Tages, dass ihr gesamtes Verhalten „von stetem Anstande“ (843) geprägt war. Indem sie sich abwechselnd zur Königin oder zum König bestimmen, unterlaufen sie spielerisch dynastische Ordnungen. Hier sind im Grundsatz alle gleich. Auch das hat einen geschichtlichen Hintergrund, nämlich den spürbar sinkenden Machteinfluss des Kaisertums.

Nachdem sie die Pest als „moralischen Nullpunkt“ erlebt haben, versuchen die Zehn, „eine neue, widerständige Gemeinschaftsidee zu entwickeln“[5]. Die Regeln ihres Zusammenlebens werden weder von Kirche noch Gesellschaft autoritativ fremdbestimmt, sondern selbstbestimmt in argumentierender Verabredung getroffen. Man kann hier durchaus von einer „Epochenwende" sprechen: „Sie sind unter spätmittelalterlichen Vorzeichen aufgebrochen und in frühhumanistischer Gesinnung wiedergekehrt."[6] Der Glaube an die grundsätzliche Fähigkeit des Menschen, seine Lebensumstände zu verbessern, ein die ständische Herkunft relativierendes Bildungsideal sowie eine ausgeprägte Lebensbejahung, das alles gehört zu den Eigenarten des späteren Renaissance-Humanismus.

Epochenwende, das ist ein rückblickendes Urteil, denn natürlich war seinerzeit noch nicht abzusehen, dass wirklich neue Zeiten anbrechen würden. Boccaccio stellt somit die Zehn als Avantgarde vor, die mit Mut ein neues Lebensmodell ausprobieren, obwohl sie noch gar nicht wissen, ob es für sie und vielleicht auch andere überhaupt tragfähig ist. Nun schildern die Tage in Fiesole im Gegensatz zu den Pestfolgen in Florenz keine eigenen Erfahrungen des Autors, sondern sie sind lediglich ein schriftstellerisches Kunstwerk. Doch was heißt hier lediglich! Das Dekameron ist geschrieben in der Überzeugung, dass Worte und Dichtung den Lauf der Welt beeinflussen und verbessern können.

Das soziale Experiment der Zehn endet bereits nach zwei Wochen, dann kehren sie zurück ins nach wie vor von der Pest befallene Florenz. Sie haben erkannt, dass es auf Dauer keinen Sinn macht, in gleichsam klösterlicher Abgeschiedenheit ein utopisches gesellschaftliches Gegenmodell zu leben. Zum Abschluss berichtet Boccaccio lediglich knapp, dass die jugendliche Gesellschaft, die sich in Santa Maria Novella eher zufällig zusammengefunden hat, in dieser Kirche wieder trennt, und „alle gingen, wohin es ihnen gefiel." (845)

Ihre Rückkehr in die Kirche dürfte bedeuten, dass sie dieser trotz aller Kritik nicht den Rücken zukehren; allerdings ist es eher unwahrscheinlich, dass sie sich künftig kritiklos den Lehren und der Moral der Kirche unterwerfen. Offen bleibt damit, welche Folgen der utopische Versuch einer neuen Form des Zusammenlebens für sie selbst und für ihre Mitmenschen hat. Dieses offene Ende dürfte bewusst gewählt sein, nämlich als Einladung, aus den engen Grenzen kirchlicher und gesellschaftlicher Bevormundung Schritte zu wagen in die Offenheit eines gemeinsam verabredeten und zu verantwortenden Lebens.

Die Gruppe der zehn jungen Leute handelt sittlich verantwortungsvoll, weil sie angesichts gesellschaftlicher und kirchlicher Unsittlichkeiten nach einer neuen und tragfähigen Sittlichkeit sucht und diese auch in der eigenen Lebenspraxis ausprobiert, ohne dabei auf Dauer in ihrem Elfenbeinturm zu verharren. Sittlichkeit ist nicht statisch, sondern labil. Stabil ist sie nur dann, wenn sie auch in existenziellen und gesellschaftlichen Krisen Bestand hat und Orientierung bietet. Vermag sie das nicht, ist sie durch eine andere und hoffentlich krisenresistentere zu ersetzen. Utopisch erscheinende Experimente, sofern sie nicht selbst autoritären Charakter annehmen, können dabei durchaus Impulsgeber sein. Auch für christlich gegründete und begründete Sittlichkeit gilt: Sittlichkeit ist immer prüfende und zu überprüfende Sittlichkeit und insofern suchende Sittlichkeit.

2. Daniel Defoe: Die Pest in London (1722)

Daniel Defoes „Die Pest in London“[7] ist anlässlich der Corona-Krise in einer Neuausgabe erschienen, passenderweise mit einem pestgelben Lesebändchen. Weil der Ich-Erzähler ein Kaufmann ist, hat man lange gemeint, der gelernte Kaufmann Defoe schildere eigene Erfahrungen – dabei war er im Pestjahr 1665 erst fünf Jahre alt. Wahrscheinlich ist eine seiner wesentlichen Quellen das Tagebuch eines Onkels.

Das Buch ist kein fiktionale Schicksale vorstellender Roman, es ist vielmehr ein sachlicher Bericht über die Ausbreitung, das Wüten und das Abklingen der Pest, in welchem einzelne Sterbeschicksale eher distanziert eingeflochten sind. Allerdings handelt es sich um die bedeutendste literarische Schilderung einer Pestepidemie. Die Seuche dient dabei nicht nur als Rahmen wie bei Boccaccio, sondern ist Hauptthema des Buches. Das gilt in ähnlicher Weise auch für alle nun im Folgenden vorgestellten literarischen Werke.

Defoe schildert ausgesprochen anschaulich die ersten Anzeichen der Pest, berichtet von anfänglichen Beschönigungsversuchen, die aber bald durch die von ihm wiedergegebenen amtlichen Sterbelisten widerlegt werden. Zu lesen ist von medizinischen und hygienischen Zuständen oder von behördlichen Maßnahmen, zitiert werden Verordnungen, geschildert wird die Versorgungslage ebenso wie die Nöte der großen Zahl von arbeitslos gewordenen Menschen. Astrologen erhalten ebenso Zulauf wie Quacksalber und Kurpfuscher. Das hässliche Gesicht von Menschen zeigt sich; schändliches Verhalten, Verbrechen aller Art, Raub, Plünderung und Mord nehmen zu. Viele Menschen fliehen aus London, je reicher sie sind, desto weiter weg.

Der Erzähler zweifelt lange, ob nicht auch er die Stadt verlassen soll. Er entschließt sich zu bleiben, weil er beim Bibellesen auf Psalm 91 stößt, den Lobpsalm auf Gottes Schutz; in ihm heißt es, dass er von Pest und Seuche errettet. Diese persönliche Gewissheit ist an manchen Stellen des Buches zu spüren. Defoe kritisiert jene Prediger, welche die Pest als Aufforderung zur Buße verstehen, weil doch „Gott in der ganzen Heiligen Schrift eher durch Aufforderung zu sich zieht und uns ruft, sich ihm zuzuwenden und zu leben, als durch Schrecken und Verwunderung forttreibt" (41). Zugleich aber wird ihm beim Nachdenken über Jeremia 5,9 deutlich, dass Gott auch ein strafender Gott sein kann: „Und ich sollte mich nicht rächen an einem Volk wie diesem?" Das führt Defoe zu der Einsicht: „Ich betrachte diese düstere Zeit als einen besonderen Zeitabschnitt göttlicher Rache" (109). Zwar ist die Seuche „ein Schlag vom Himmel" (300), gleichwohl aber kein übernatürlicher; die Pest ist ja eine „Krankheit, ... die aus natürlichen Ursachen entsteht", weshalb dieses „Strafgericht ... nach menschlichen Ursachen und Wirkungen verläuft." (301) So ist denn auch im Abklingen der Pest für ihn „der unmittelbare Finger Gottes" (378) erkennbar.

Gelegentlich kommt Defoe auch auf die Pfarrer zu sprechen. Er beklagt, „daß ein großer Teil der Geistlichkeit die Kirchen schloß und flüchtete, wie andere Leute es taten, um der Sicherheit ihres Lebens willen", wohingegen andere treu durch Gottesdienst und Gebete die Menschen zu stärken versuchten, „und zwar so lange, wie man sie hören wollte." (162) Beides gilt sowohl für Pfarrer der Staatskirche wie für Dissenter-Prediger. Der hier angedeutete Konflikt hat Nachwirkungen nach dem Ende der Pest: „Einige, die blieben, rühmten sich dessen nicht nur allzu sehr, sondern verunglimpften jene, die flohen, brandmarkten sie als Feiglinge, die ihre Herde im Stich ließen ... und so weiter.“ (365) Defoe ist barmherziger und realistischer: „Wenn Gott einigen mehr Stärke als anderen verlieh: ... hätten sie nicht eher demütig und dankbar sein müssen, wenn sie brauchbarer als ihre Brüder gemacht worden waren?“ (366) Das erinnert an Jeremia 9,22: „Ein Starker rühme sich nicht seiner Stärke.“

Defoe sieht in der unterschiedlichen Gewichtung zwischen Sorge um das eigene Leben und Fürsorge für das Leben anderer keinen grundsätzlichen sittlichen Konflikt. Die Entscheidung für die eine oder andere Seite hängt letztlich nicht allein von menschlicher Einsicht oder Kraft ab, sondern von unverfügbaren Voraussetzungen; für das Neue Testament sind dies von Gott gegebene Gaben oder Talente. Sittlichkeit kann mithin unterschiedliche Gesichter zeigen.

Im Pestjahr 1665 wurden in Südengland rund 100.000 Menschen Opfer der Seuche, davon allein etwa 70.000 in London. Ohne jeglichen Zynismus geschrieben: Der Lektüre dieses Berichts kommt ein tröstlicher Aspekt zu, insofern sie nämlich zeigt, wie aus unterschiedlichen Gründen wir in Deutschland in der Corona-Zeit seit 2020 doch erheblich weniger Gefährdungen für Leib und Leben ausgesetzt sind als die Menschen in London vor 355 Jahren.

3. Mary W. Shelley: Der letzte Mensch (1826)

„Frankenstein" – durch diesen 1818 veröffentlichten Roman wird Mary W. Shelley weltberühmt. Acht Jahre später folgt „Der letzte Mensch"[8] – ein bald in Vergessenheit geratenes Buch, da die zeitgenössische Kritik es durchweg ablehnt; erst 1965 erfolgt in England eine Neuauflage. Die erste deutsche Auflage von 1982 weist mit ihren 334 Seiten starke Kürzungen und Auslassungen auf, während die Neuübersetzung 532 Seiten umfasst.

Obwohl dieses Werk damals erfolglos ist, bedeutet es der Autorin besonders viel, enthält es doch zahlreiche halbautobiographische Elemente. Der Tod von Ehemann, Tochter und Freunden der Autorin hinterlässt Spuren, und die Hauptfiguren sind weitgehend realen Personen nachgezeichnet: in Adrian ist ihr Mann Percy Bysshe Shelley zu erkennen, in Lord Raymond beider Freund Lord Byron und in Lionel nicht zuletzt sie selber.

In ihrer Einleitung berichtet die Autorin, dass sie 1818 nahe Neapel in der Höhle der antiken Wahrsagerin Sibylle eine Reihe von Blättern entdeckt und später „aus den dünnen sibyllinischen Seiten" durch „Bindeglieder" (13) einen Roman geformt hat. Dieser spielt in ferner Zukunft, nämlich im letzten Jahrzehnt des 21. Jahrhunderts. Das ist allerdings nur scheinbar so, denn sämtliche geschilderten Lebensumstände sind die des frühen 19. Jahrhunderts.

Im ersten Band des Romans (9-191) schildert der Ich-Erzähler, der mit seiner Schwester als Frühwaise aufgewachsene Lionel Vernay, in epischer Breite seine schwierige Jugend und seine Freundschaft mit Adrian, dem Sohn des letzten englischen Königs Georg. Vor allem aber geht es um die romantischen Irrungen und Wirrungen von Liebschaften; schließlich heiraten gegen mancherlei Widerstände Lionel und Idris, Adrians Schwester, sowie Lord Raymond und Perdita, Lionels Schwester.

Nach diesem langen Vorspiel nimmt der Roman im zweiten Band (192-356) Fahrt auf. Lord Raymond zieht mit Adrian und Lionel auf Seiten Griechenlands in einen Krieg gegen die Türkei. Die Griechen erringen manchen Erfolg, doch niemand traut sich, das belagerte Konstantinopel zu betreten, da die „PEST, dieser Feind der menschlichen Rasse," (201) in der Stadt wütet. Raymond wagt sich in die Stadt und stirbt in einem Feuer. Um der sich rasch länderweit ausbreitenden Seuche zu entgehen, kehren Adrian und Lionel nach London zurück, doch die Pest überwindet auch den Kanal. Die beiden Freunde diskutieren „über die besten Mittel zur Vorbeugung vor der Infektion und zur Erhaltung von Gesundheit und Alltag" (252), denn es ist bereits von weltweiten Paniken zu hören. Überall gibt es wirtschaftlichen Niedergang, Bankrotte, Armut. „Der Zustand des Friedens, dessen wir uns rühmten, war trügerisch." (268) Menschen suchen in weniger betroffenen Ländern Zuflucht. „Unsere kleine Insel war bis zum Bersten gefüllt." (270) Angesichts dieser Herausforderungen will der oppositionelle Politiker Ryland, obwohl er die Regierungsführung anstrebt, seinerseits fliehen. Adrian hält ihm entgegen: „Wir müssen bleiben und unser Bestes tun, um unseren leidenden Mitgeschöpfen zu helfen." (276) Doch Ryland verweigert sich: „Jeder kämpft für sich allein!" (278) So übernimmt schließlich Adrian die Verantwortung für sein Land.

Lionel ist in ähnlicher Weise hilfsbereit wie Adrian. Er besucht eine besonders infizierte Gegend und nähert sich trotz Warnung einem Pestkranken: „Dieser arme Kerl ist verlassen, sterbend, ohne Beistand; Gott weiß, wie bald einer oder alle von uns in diesen unglücklichen Zeiten in ähnlicher Lage sein mögen. Ich werde tun, was ich mir selber in einer solchen Lage wünschen würde.“ (294) Bald darauf trifft er auf eine alte Frau namens Martha, die sich ihrerseits hingebungsvoll um die in ihrem Dorf von der Seuche Befallenen kümmert.

Es kommt zu einer regelrechten Invasion von schutzsuchenden Amerikanern, die bewaffnet in das Land eindringen, in ihrem Gefolge marodierende Iren. In eindringlicher Rede gelingt es Adrian, einen Krieg zu verhindern: „Legt die Waffen nieder, Kameraden! Brüder! Vergebung, Beistand und Liebe erwarten eure Buße, ihr seid uns teuer, weil ihr die zerbrechliche Gestalt des Menschen tragt, jeder von euch findet unter diesen Soldaten einen Freund und Gastgeber.“ (342)

Doch die Pest ist durch nichts aufzuhalten, überall wütet sie. „Die Erde ... stellte sich nun als leerer Raum dar“ (350). Und: „Zu allen Nationen dringt die Kunde: Die Hoffnung ist tot. Wir sind nur Gäste im Begräbniszug.“ (355) Nun erwägt auch Lionel die Flucht: „Wir müssen ein natürliches Paradies suchen, einen Garten Eden auf Erden, wo unsere einfachen Bedürfnisse leicht befriedigt werden können.“ (354)

Von der Suche danach handelt der dritte Band (357-532). Gleichsam als Überschrift findet sich an seinem Anfang eine düstere Passage, die an Psalm 8,6f. anknüpft: „Einst war es so; und jetzt ist der Mensch der Herr der Schöpfung? Sieh ihn dir an – ha! Ich sehe die Pest! Sie hat seine Gestalt angenommen.“ (358) Resignierend klagt Lionel: „Wir halfen den Kranken und trösteten die Trauernden; wir wandten uns von den unzähligen

Toten ab und zu den seltenen Überlebenden hin und forderten sie ... auf, zu überleben. Die Pest kauerte indessen über uns und verlachte uns voller Verachtung." (359) Zumindest für England gilt: „Nun ist alles vorbei." (365) Hier gibt es keine Zukunft mehr, denn „England ist in sein Leichentuch gehüllt – wir dürfen uns nicht an einen Leichnam ketten." (369) Adrian will mit Lionel „den kleinen Überrest der englischen Nation ... in die unbewohnten Reiche des Südens führen" (374). Doch schon auf dem Weg zur Küste fordert die Pest weitere Opfer, unter anderem Lionels Frau Idris und seine Schwiegermutter.

In Paris stößt die Gruppe auf weitere Auswanderer. Hier nun werden erstmals Religionsvertreter ausdrücklich erwähnt. „Während des ganzen Verlaufs der Pest hatten die Religionslehrer große Macht; eine Macht des Guten, wenn sie richtig geleitet wird, oder des unberechenbaren Unheils, wenn Fanatismus und Unduldsamkeit ihre Bemühungen leiten." (426) Einzig die zweite Gruppe wird vorgestellt, angeführt von einem Hochstapler, Sohn eines methodistischen Predigers, „dessen schädliche Lehren von Auserwähltsein und Gnade jedoch dazu beigetragen hatten, jedes Bewußtsein des Gewissens in seinem Sohn zu zerstören." (426) Einzig um autoritäre Macht und blinde Gefolgschaft geht es ihm. Erst Lionel und dann Adrian entkommen seiner Gewaltherrschaft; schließlich erschießt er sich.

Die Gruppe von anderthalb Tausend Überlebenden macht sich auf den Weg in den Süden und wird dabei stetig von der Pest dezimiert. „Wir standen als Zielscheiben, während die Pest, ungehindert durch die Haufen der Erschlagenen, auf uns zielte und schoß." (451) Schließlich sind es lediglich vier Personen, die über die Schweiz in den Tessin gelangen: Adrian, Perditas Tochter Clara, Lionel und sein Sohn Evelyn. Am Comer See verbringen sie eine heitere Zeit, soweit dies angesichts der apokalyptischen Gesamtlage möglich ist. Doch als Evelyn an Typhus stirbt, machen sich die verbliebenen Drei auf den Weg nach Griechenland, neben Italien ein Sehnsuchtsland der Romantik. Beim Versuch, die Adria zu überqueren, gerät ihr kleines Segelschiff in einen Sturm. Adrian und Clara ertrinken, allein Lionel rettet sich ans Ufer. Er streift durch halb Italien, trifft nirgendwo auf Menschen. Er bleibt einige Zeit in Rom; hier bringt er seine Aufzeichnungen zu Papier. Nach ihrem Abschluss will er sich weiter auf den Weg machen. Zwar will er „das gute Omen im Regenbogen lesen“, weiß aber dabei, was er ist und bleiben wird: „der LETZTE MENSCH“. (532)

Wenn man sich an die zeitbedingt abständige Sprache gewöhnt hat, gewinnt der Roman an Lebendigkeit. Die große Formulierungskunst der Autorin macht dabei einige inhaltliche Längen erträglicher. Vor allem aber ist es die in Romanform gekleidete Beurteilung Shelleys von Mensch und Welt, die zum Nachsinnen geradezu zwingt. Gewiss, es handelt sich hier um ein Werk der Schwarzen Romantik, die sich durch eine skeptische und desillusionierte Sicht auszeichnet. Doch Shelley steigert diesen Pessimismus zum Nihilismus. Hier gibt es eine Parallele zur „Rede des toten Christus vom Weltgebäude herab, daß kein Gott sei“ von Jean Paul von 1796 – ebenfalls ein Beispiel Schwarzer Romantik. Diese Rede ist aber lediglich Teil eines Traumes, so dass es nach dem Erwachen heißt: „Meine Seele weinte vor Freude, daß sie wieder Gott anbeten konnte.“[9]

Bei Shelley allerdings gibt es kein gutes Erwachen aus einem bösen Traum. Das Böse hat in Gestalt der Pest das Gute besiegt, sofern das Gute mit der Möglichkeit menschlichen Lebens gleichgesetzt wird. Zugleich schildert Shelley, dass die

Natur in ihrer Schönheit und das nicht-menschliche Leben in ihr bestehen bleiben. Die Autorin widerspricht damit entschieden einem anthropozentrischen Weltbild. „Die Natur, unsere Mutter und unsere Freundin, blickte uns drohend an. Sie zeigte uns deutlich, daß sie uns zwar erlaubte, ihre Gesetze anzuerkennen und uns ihren sichtbaren Kräften zu unterwerfen, doch wenn sie nur einen Finger höbe, müßten wir erbeben." (265) Der Mensch ist lediglich Gast auf Erden, der von der Natur – etwa in Gestalt der Pest – jederzeit vertrieben werden kann.

Auch Shelleys Sicht des Menschen ist alles andere als optimistisch oder gar fortschrittsgläubig. Alle wohlüberlegten Maßnahmen zur Eindämmung der Pest sind erfolglos. Und überhaupt ist die grundsätzliche Vernunftorientierung von Menschen mehr als zweifelhaft: „Es ist eine seltsame, aber unbestreitbare Tatsache, daß der Philanthrop, der in seinem feurigen Wunsch, Gutes zu tun, der geduldig, vernünftig und sanft ist, und dabei alle anderen Argumente als die Wahrheit verachtet, weniger Einfluß auf den Verstand des Menschen hat, als der Anmaßende und Selbstsüchtige, der sich nicht scheut, jedes Mittel zu ergreifen, jede Leidenschaft zu erwecken und jede Falschheit zu verbreiten, nur um seine Sache voranzubringen." (438) Shelleys Roman ist somit keine Utopie, sondern eine Dystopie.

Als Philanthropen, denen zweifelsohne Shelleys Sympathie gehört, reden und handeln in diesem Roman Adrian und Lionel. Sie bemühen sich nach Kräften, in der Krise eine soziale Ordnung aufrecht zu erhalten, das Zusammenleben solidarisch zu gestalten und den drohenden Kampf aller gegen alle zu verhindern. Gleichwohl können sie damit zwar einige Menschen überzeugen, sind aber letztlich den zerstörerischen Kräften der Natur unterlegen.

Und Gott? Gott kommt im Weltbild dieses Romans so gut wie gar nicht vor. Nur einmal wird kurz erwähnt, dass Religionsvertreter auch Gutes bewirken können. Vorgestellt wird aber ausschließlich eine aggressive sektiererische kleine Gruppe, in welcher Gott lediglich dazu dient, die Macht ihres Anführers zu legitimieren.

Trotz dieser grundsätzlichen Skepsis handeln die beiden Protagonisten ethisch verantwortungsvoll und uneigennützig. Aus welchen Beweggründen geschieht das? Als Lionel sich trotz Warnung einem sterbenden Pestkranken zuwendet, weist er darauf hin, dass er sich selber in einem vergleichbaren Fall einen eben solchen Beistand wünscht. Das ist eine schon fast direkte Anspielung auf Matthäus 7,12: „Alles nun, was ihr wollt, dass euch die Leute tun sollen, das tut ihr ihnen auch!“ Und Adrian spricht die bewaffneten amerikanischen Invasoren als Brüder an und redet dabei von Buße und Vergebung, Beistand und Liebe, also in eindeutig neutestamentlicher Begrifflichkeit. Ein anderes Mal sieht er in den von der Pest Befallenen leidende Mitgeschöpfe, ebenfalls eine biblische Anspielung. Und nicht zuletzt sei Martha genannt, jene alte Frau, die in ihrem Dorfe den Kranken beisteht, sie pflegt, mit Nahrung versorgt und seelisch beisteht – mithin jene Taten tut, an denen laut Matthäus 25,31-40 im Weltgericht jene Menschen erkannt werden, die Gott in sein Reich beruft. Es ist dabei gewiss kein Zufall, dass sie den Namen Martha trägt, und damit ebenso heißt wie jene Frau aus Lukas 10,38-42, die Jesus in ihr Haus einlädt und ihn hausfraulich umsorgt.

Die vorbildlichen Protagonisten dieses Romans handeln ethisch verantwortungsvoll, indem sie in einer Krise die Selbstsorge hintanstellen und sich um das Wohl anderer kümmern; dies geschieht in persönlicher Zuwendung ebenso wie durch soziale Gestaltung. Eine direkte christliche Begründung für ihr Handeln ist nicht erkennbar, wohl aber ist zu vermuten, dass sich dieses aus verdeckten und vielleicht unbewusst noch fließenden christlichen Quellen speist. Von daher kann man hier von einer Sittlichkeit aus zu Philanthropie gewandelter christlicher Nächstenliebe sprechen.

4. Alessandro Manzoni: Die Verlobten (1827)

„Die Verlobten" von Alessandro Manzoni[10] sind bis in die Gegenwart hinein Pflichtlektüre in weiterführenden italienischen Schulen. Wegen seines großen Einflusses auf eine einheitliche italienische Schriftsprache ist das Werk durchaus der Bedeutung von Luthers Bibelübersetzung für das Deutsche vergleichbar.

Der Roman spielt im Herzogtum Mailand in den Jahren 1628 bis 1630, also während der Wirren des Dreißigjährigen Krieges. Renzo möchte Lucia heiraten, doch auf diese hat es auch der Feudalherr Rodrigo abgesehen. Mit Glaubensstärke widersetzt Lucia sich diesem Ansinnen. Aus Rache lässt Rodrigo sie mit Hilfe des Priesters Abbondio in ein Kloster entführen; später bringt er sie in die Burg eines gefürchteten Tyrannen, allgemein genannt „der Ungenannte". (394) Dieser wird durch die Glaubensreinheit Lucias sowie durch die Persönlichkeit des Mailänder Erzbischofs Federigo zur Buße geführt, worauf er sich zu einem barmherzigen Christenmenschen entwickelt. Lucia gelangt in die Obhut einer wohlwollenden Mailänder Familie.

Dann bringen deutsche Söldner die Pest in die Lombardei. Lucia erkrankt an ihr; nach ihrer Heilung arbeitet sie als Pflegerin in einem Pestlazarett. Auch Renzo bekommt die Pest, wird ebenfalls geheilt und trifft seine totgeglaubte Geliebte wieder. Da der üble Feudalherr inzwischen an der Pest gestorben ist, steht einer Hochzeit der Verlobten nichts mehr im Wege. – Dies ist lediglich der dürre Erzählrahmen, innerhalb dessen die beiden Liebenden getrennt voneinander zahlreiche Wirrnisse, Unbilden und Abenteuer überstehen müssen.

Großen Raum nimmt im Roman die detailreich geschilderte Ausbreitung der Pest ein (602-658). Manche der Reaktionen darauf sind uns aus der weltweiten Corona-Gegenwart vertraut. Die anfangs eher kleine Zahl von Pesttoten „befestigte die Oeffentlichkeit mehr und mehr in der albernen ja selbstmörderischen Zuversicht, daß die Pest weder herrsche noch geherrscht habe." (608) Oder „wenn die Sterbefälle zur Kenntnis des Gesundheitsamtes gelangten, so geschah es meistens spät und unzuverlässig." (608f). Selbst Ärzte verharmlosen die Krankheit als „parapestilenzialisches Fieber" (611). Als die Pest unübersehbar wütet, verbreiten sich rasch Verschwörungstheorien; nicht natürlichen Ursachen und auch „nicht etwa dem langen Beisammensein so vieler Menschen, nicht der unendlichen Vervielfältigung zufälliger Berührungen" (624) wird die Schuld zugeschoben, sondern Zauberei und giftigen Salben. Schließlich rafft die Pest mit etwa 140.000 Pesttoten rund Zweidrittel der Bevölkerung Mailands hin.

Auf besondere Weise endet übrigens der hinterhältige Feudalherr Rodrigo. Während die Pest bereits abklingt, trifft er sich – durchaus gewissen Corona-Partys vergleichbar – mit „einer Gesellschaft von Freunden, die sich's zum Ziele gesetzt hatten, mit Schwelgereien über die Schrecken der Zeit hinwegzukommen." (636) Einmal macht er sich in einer satirischen Leichenrede über einen verstorbenen Grafen lustig. Bereits am selben Abend erkrankt auch Rodrigo an der Pest. Ein untreuer Diener holt entgegen seinem Auftrag nicht einen Arzt, sondern Kumpane, die den Sterbenden ausrauben. Da sie auch dessen infizierte Kleidung an sich bringen, werden sie ebenfalls alsbald zu Pestopfern.

In diesem Roman geht es nicht um die theologische Frage, warum Gott die Pest zulässt. Gleichwohl ist dieses Buch nicht nur hintergründig, sondern handlungsbestimmend christlich geprägt. Es ist der einzelne Mensch, der sich angesichts des Leidens und Sterbens in Hungersnot und Pestepidemie vor Gott dafür zu verantworten hat, wie er sich angesichts dieser Übel verhält, entweder durch „eine Vermehrung, eine Erhöhung der Tugend“ oder durch „eine noch vielhäufigere Zunahme der Ruchlosigkeit“ (630). Das Gegeneinander beider Möglichkeiten gestaltet die Dramatik dieses Romans.

Manzoni ist ein überzeugter katholischer Christ, das ist allenthalben erkennbar; Goethe bezeichnete ihn „als Christ ohne Fanatismus, als Katholik ohne Frömmelei“[11]. Die meisten seiner Priestergestalten sind wohlwollend gezeichnet. Das gilt vor allem für Kardinal Federigo. Die „unerschöpfliche Menschenliebe dieses Mannes offenbarte sich nicht nur im Geben, sondern in seinem ganzen Wesen überhaupt“ (442). Sein Geben zeigt sich in der Hungersnot, als er aus eigenen Mitteln Lebensmittel an Bedürftige verteilt. Und seine barmherzige seelsorgerliche Weisheit zeigt sich im Bußgespräch mit dem Ungenannten (431-454) sowie in der Ermahnung des seinem priesterlichen Auftrag nicht gerecht werdenden Abbondio (501-518). Immer geht es Federigo um Hinwendung zu Bedürftigen. Gerade angesichts der Hoffnungslosigkeit vieler Mitbürger in der Pestepidemie fordert er seine Pfarrer eindringlich auf, den Erkrankten beizustehen. Er selbst geht mit gutem Beispiel voran:

„Zwar unterließ er keine Vorsicht, die ihn nicht an seiner Pflicht behinderte – worüber er auch der Geistlichkeit Belehrungen und Vorschriften gab –, zugleich aber achtete er der Gefahr nicht, ... wenn er es auf sich nehmen mußte, Gutes zu tun. Er besuchte die Lazarette, um den Kranken Trost und den Wärtern Mut zuzusprechen; er durchstreifte die Stadt, um den Siechenden, die in ihre Häuser gesperrt waren, Hilfe zu bringen, ... kurz, er stürzte sich mitten in die Pest und lebte darin, bis er am Ende selbst darüber verwundert war, daß er verschont geblieben." (629f) – Vergleichbares wird in einem etwaigen künftigen Roman über das Verhalten der Kirchen sowie von Pfarrerinnen und Pfarrern zumindest zu Beginn der Corona-Zeiten wohl kaum zu lesen sein.

Die positiven Hauptgestalten dieses Romans sind von einer tiefen Frömmigkeit getragen, die ihnen die Kraft gibt, in Hungersnot und Pestepidemie das sittlich Gebotene zu tun. Sittlichkeit wird hier verstanden als gelebter Ausdruck des Glaubens. Dieser Glaube schenkt zugleich Zuversicht in Extremsituationen, Glaube ist somit eine Quelle von Resilienz. Diese Haltung ist durchaus verwandt mit jener lutherischen Theologie, die Paul Gerhardt 1653 als Zeitgenosse der Romanfiguren zu „Befiehl du deine Wege" (Evangelisches Gesangbuch 361) verdichtet hat.

Ganz am Ende des Buches stimmt Manzoni jener Schlussfolgerung zu, „mag sie auch von Leuten geringer Herkunft gefunden sein", die Renzo und Lucia so zusammenfassen: Sie haben erfahren, dass trotz aller Vorsicht ein Unglück sich letztlich nicht verhindern lässt, vertrauen aber darauf, „daß es endlich, wenn es, verschuldet oder unverschuldet, hereinbricht, durch das Vertrauen auf Gott gemildert und einem besseren Leben dienstbar gemacht werden kann." (750)

5. Edgar Allan Poe: Die Maske des roten Todes (1842)

Merkwürdige und gruselige Todesfälle jedweder Art gehören zu den Eigenarten im Werk des Amerikaners Edgar Allan Poe, so auch in seiner Erzählung „Die Maske des roten Todes“[12].

„Der ‚Rote Tod‘ hatt‘ längst das Land verheert. Nicht eine Pestilenz war je so voll Verderben, so scheußlich graus gewesen.“ So beginnt die Erzählung um Fürst Prospero. „Als seine Lande halb entvölkert waren, fordert er wohl tausend gesunde und frohmütige Freunde unter den Rittern und Damen seines Hofes vor sein Angesicht, und mit ihnen zog er in die Abgeschiedenheit einer seiner befestigten Abteien zurück.“ Essen und Trinken sind reichlich vorhanden. „Die Welt da draußen konnte für sich selber sorgen.“ (376) Wochenlang wird gefeiert. Nach einem halben Jahr lädt der Fürst ein zu einem „Maskenball von allerhöchster Pracht. Es war ein zügelloses wollüstliches Schauspiel, dieses Maskenfest.“ (377)

Doch plötzlich kippt die Stimmung, als ein unheimlich Verkleideter erscheint, gehüllt in ein blutbespritztes Grabtuch und verborgen hinter einer Leichenmaske: „die Urgestalt des Roten Todes“ (382). Der zornige Fürst fordert seine Höflinge auf, den Fremden zu ergreifen und aufzuhängen, doch keiner seiner erbleichten Freunde wagt das. Da eilt der mit einem gezogenen Dolch bewaffnete Prospero selber dem Unheimlichen entgegen, erschrickt allerdings im wahrsten Wortsinn zu Tode, als dieser ihn anblickt. Nun endlich stürzen sich einige Festgäste auf jene furchterregende Gestalt, und es „befiel ein unaussprechlich‘ Grauen sie, da sie die Grabeslaken und die leichengleiche Maske, die sie so rüde ungestüm anfaßten, unbewohnt fanden von jeglicher greifbaren Gestalt.“ (383) Und „in den blutbetauten Hallen ihres Schwelggelags“ sterben alsbald alle Gäste, „und der Rote Tod hielt grenzenlose Herrschaft über allem.“ (384)

Die Ausgangslage dieser Geschichte erinnert an Rodrigos Todesumstände in Manzonis Roman. Und in der Tat wird jene Szene als eine von mehreren möglichen Motivquellen für Poe angenommen (436). Bereits 1835 findet sich in Poes Erzählung „König Pest“[13] eine gewisse Parallele, hier allerdings nicht als unheimliche Geschichte, sondern als Burleske gestaltet, die im 14. Jahrhundert spielt. – Zwei Matrosen betrinken sich im Londoner Hafenviertel und wollen ihre Zeche prellen. Auf ihrer Flucht geraten sie in einen abgesperrten Pestbezirk. Im Weinkeller eines Leichenbestatters stoßen sie auf eine Gesellschaft von je drei betrunkenen Damen und Herren, die sich mit Titeln der königlichen Familie schmücken. Es kommt zum Streit, in dessen Verlauf die Matrosen slapstickartig den Weinkeller auseinandernehmen, den drei Männern sowie einer der Frauen unter anderem mit Skelettknochen den Garaus bereiten und schließlich – jeder mit einer ‚Dame‘ an der Hand – das Weite suchen.

„Die Maske des roten Todes“ ist scheinbar eine reine Schauergeschichte und doch hat sie hintergründig eine ethische, ja sogar eine theologische, wenn auch nicht unbedingt christliche Komponente. Das Ansinnen, sich der Pestgefahr durch abgeschottete Feierlichkeiten zu entziehen, erscheint als direkte Umsetzung jener Redewendung, die Paulus in 1. Korinther 15,32 zitiert: „Lasst uns essen und trinken; denn morgen sind wir tot!“ Allerdings will die feiernde Gesellschaft „morgen“ gerade nicht tot sein, glaubt sie doch, dem Pesttod ein Schnippchen schlagen zu können. Die für einen schlechten Scherz gehaltene Todesgestalt erweist sich als bitterer Ernst, als todernst. Fast ist es so, als wolle die unheimliche Gestalt in Abwandlung von Galater 6,7 sagen: *Irret euch nicht, der Pesttod lässt sich nicht spotten!* Und da die Todesgestalt physisch nicht greifbar ist, erscheint sie als metaphysische Gestalt, die über die Feiernden ein apokalyptisches Todesurteil fällt.

Damit ist zugleich die ethische Komponente der Erzählung benannt. Der unsoziale Hedonismus von Prospero und seinen Mitfeiernden ist Ausdruck gewissensloser Unsittlichkeit, die gnadenlos bestraft wird. Von daher illustriert diese Geschichte die Wiederherstellung von Sittlichkeit durch Bestrafung von Unsittlichkeit.

6. Jens Peter Jacobsen: Die Pest in Bergamo (1882)

Bergamo in der Lombardei ist zu Beginn der Corona-Krise fast so etwas wie ein Symbolort geworden für das Wüten und die Todeskraft dieses Virus. Interessanterweise siedelt auch der dänische Autor Jens Peter Jacobsen seine Seuchenerzählung „Die Pest in Bergamo“[14] hier an. Wann die Erzählung spielt, wird nicht genannt und ist auch unerheblich, denn die sich in ihr ausdrückende Überzeugung ist für Jacobsen zeitunabhängig gültig; sie ist das Ergebnis seiner eigenen religiösen Zweifel, in denen er sich zum Atheisten entwickelt.

„Eines Tages brach die Pest aus“ in Bergamo, sie zerstört die Normalität des Zusammenlebens: „Was immer an Ordnung und ordentlichem Regiment gewesen sein mochte, das schien die Erde verschluckt und dafür das Ärgste ausgespien zu haben.“ (76) Anfangs hatten die Bewohner sich noch hingebungsvoll um Erkrankte und Verstorbene gekümmert, und „täglich waren sie vor Gott getreten mit ihren flehentlichen Gebeten; ... Jedoch das half alles nichts; da war nichts, was half.“ Das Volk begreift, „daß der Himmel entweder nicht helfen wollte oder konnte“ (77). Egoismus und Unmoral in jeder Form werden verzweifelt ausgelebt.

Da kommt eines Tages eine große Prozession von Flagellanten in die Stadt, ein Miserere singend. Doch sie wird verhöhnt, Betrunkene führen sie in den Dom, parodieren die Messe. Da ergreift ein junger Mönch das Wort und setzt an zu einer Predigt, in welcher er die Schrecken der Hölle ausmalt. Und dann erzählt er anschaulich die Geschichte von Jesu Kreuzigung. Als er zu der Stelle kommt, an welcher der Gekreuzigte verhöhnt wird, verlässt er die biblische Vorlage und fährt statt deren fort: „Da ergrimmte Gottes eingeborener Sohn in seinem Innern und sah, sie waren nicht der Erlösung wert, diese Haufen, die unsere Erde bevölkern.“ Darum steigt Jesus vom Kreuz herab: „Der Versöhnung großes Werk wurde niemals vollbracht. Es ist kein Mittler zwischen Gott und uns; kein Jesus ist für uns am Kreuz gestorben“ (84). Dann verlassen die Flagellanten Dom und Stadt, „und die aus Alt-Bergamo starrten ihnen nach“ (85), während die Sonne versinkt.

So kurz diese Erzählung auch ist, so eindrücklich hallt sie nach. Die Pest zerbricht zuerst religiöse Gewissheiten und dann auch soziale Ordnungen. Chaos herrscht, Sittlichkeit ist nicht mehr erkennbar. Und das Verstörende ist, dass es Büßer sind und ein Mönch, welche die Drohbotschaft einer unerlösten Welt verkündigen.

Unterschwellig stellt diese abgründige Erzählung die Frage: Wie ist es eigentlich bestellt um die Tragfähigkeit sozialer Ordnungen, sittlicher Fundierungen und religiöser Überzeugungen, wenn sie dem Lackmustest einer Extremsituation, wie sie eine Seuche darstellt, nicht standhält? Wie müsste sie sich ändern, um ihre Überzeugungskraft nicht zu verlieren? Vor allem aber drängt sich die Frage auf, ob es nicht gerade die Wirkungslosigkeit des Glaubens ist, welche den sittlichen Verfall begünstigt oder gar hervorruft. Einige der im Folgenden vorgestellten Werke geben darauf durchaus unterschiedliche Antworten. Zugleich fordern sie damit die Leserinnen und Leser zum eigenen begründeten Urteil heraus.

7. Thomas Mann: Der Tod in Venedig (1912)

Die erste literarische Arbeit im 20. Jahrhundert, in welchem eine Seuche handlungsbestimmend wirkt, ist Thomas Manns Novelle „Der Tod in Venedig“[15]. Ihr Protagonist ist der alternde, seit langem verwitwete Schriftsteller Gustav von Aschenbach. Seine Gestalt ist Gustav Mahler nachgebildet, weshalb es naheliegend war, dass Luigi Visconti 1971 seiner kongenialen opulenten Verfilmung der Novelle dessen symphonische Kompositionen unterlegt hat. Die Novelle ist überaus kunstvoll gestaltet mit zahlreichen Binnenbezügen, anscheinend beiläufigen frühen Hinweisen auf späteres Geschehen sowie literarischen und philosophischen Anspielungen und Zitaten. Die anspruchsvolle Sprache mag beim ersten Lesen recht gekünstelt, ja manieriert erscheinen, ist aber dem beschriebenen hoch gebildeten und sensiblen Künstler durchaus angemessen.

Aschenbach ist ein erfolgreicher Schriftsteller. Er ist bei seiner Arbeit diszipliniert und willensstark, geprägt „durch Vernunft und von jung auf geübter Selbstzucht“ (177), was er als „Sieg seiner Moralität“ (181) versteht. Nun spürt er plötzlich „eine Sehnsucht ins Ferne und Neue, diese Begierde nach Befreiung, Entbürdung und Vergessen“ (177). Er verreist und findet sich auf der Suche nach einem Erholungsort ungeplant am Lido von Venedig wieder. In seinem Hotel wird er auf den 14-jährigen Tadzio aufmerksam, der mit seiner polnischen Familie dort ebenfalls zu Gast ist. „Mit Erstaunen bemerkte Aschenbach, daß der Knabe vollkommen schön war“ (198), „vormännlich hold und herb“ (207). Der Junge übt einen solchen Reiz auf den Schriftsteller aus, dass er den Anblick „der holden Erscheinung“ (217) bewusst sucht; er beobachtet ihn, folgt ihm aus der Ferne, versucht ihm zu gefallen. Einmal steht er kurz davor, ihn anzusprechen, traut sich dann jedoch nicht, „versagt, verzichtet und geht gesenkten Hauptes vorüber.“ (223) Die größte Nähe zwischen beiden entsteht, als Tadzio ein einziges Mal Aschenbach kurz anlächelt, welcher daraufhin für sich selbst „unmöglich hier, absurd, verworfen, lächerlich und heilig doch“ die Worte flüstert: „Ich liebe dich!“ (228)

Da erreicht eine aus Indien kommende Cholera-Epidemie auch Venedig. Die Touristen sollen nicht abreisen, weshalb man ihnen die Wahrheit vorenthält, redet bei Nachfragen lediglich von einem an sich harmlosen durch den Scirocco verursachten Übel. Nur mühsam gelingt es Aschenbach, nähere Kenntnisse über die Cholera und ihre Verbreitung zu erlangen. Ein Engländer rät ihm zur raschen Flucht. Aschenbach, „der Verwirrte“ (232), ringt mit sich, ob er Tadzios Familie warnen soll, befürchtet er doch deren Abreise. Darum schweigt er und bleibt ebenfalls im Badehotel, um weiterhin Tadzio sehen zu können. Schließlich erkrankt auch Aschenbach an der Cholera. In einem Liegestuhl am Strand betrachtet er sterbend ein letztes Mal den im Wasser stehenden Jungen, dabei davon träumend, dieser winke ihm zu. „Und wie so oft, machte er sich auf, ihm zu folgen.“ (254)

Es interessieren jetzt nicht die vorkommenden autobiographischen Anspielungen in dieser Novelle, etwa die eigene homoerotische Neigung ihres Autors. Wichtig ist vielmehr vor allem, wie Aschenbach sich in einem durch die Epidemie entstandenen ethischen Konflikt verhält. Es ist dies ein Konflikt zwischen Sittlichkeit und Sinnlichkeit. Die Sittlichkeit nämlich gebietet eigentlich, auch Tadzios Familie über die Gefahren der sich ausbreitenden Cholera alsbald zu informieren. Dies geschähe nicht unter der schmerzenden Voraussetzung, dass sie dann abreist, sondern gerade damit sie abreist, denn nur auf diese Weise könnte Tadzio vor einer möglichen Infektion geschützt werden.

Der strenge Aschenbach hingegen, der sich bereits zuvor in seinem Gebaren immer mehr entwürdigt hat, entwürdigt sich schließlich auch seiner Sittlichkeit, indem er sich allein von seiner Sinnlichkeit leiten lässt. Um sich dem aus der Ferne geliebten Tadzio weiter nähern zu können, warnt er ihn nicht. Um der eigenen erotischen Sehnsucht willen sucht Aschenbach ihn nicht zu schützen, sondern liefert ihn schutzlos der Cholera aus. Die geflüsterte Liebeserklärung hört nur der Sprechende, sie ist somit zugleich Ausdruck von Eigenliebe: *Ich liebe mich.* Wirkliche Liebe sähe anders aus, würde sie doch alles daransetzen, das geliebte Gegenüber vor Schaden zu bewahren.

Aschenbach wird vorgestellt als ein Künstler im Elfenbeinturm; hier wird er zum „Schöpfer jener starken Erzählung“, die „einer ganzen dankbaren Jugend die Möglichkeit sittlicher Entschlossenheit“ (179) aufzeigt. Nun muss sich Aschenbach in den vielleicht ersten wirklich bedeutsamen sittlichen Konflikten seines Lebens bewähren. Die Frage, wie weit die homoerotische Anziehung eines 14-jährigen auf einen Erwachsenen gehen darf, ist trotz ihrer Brisanz und in einer Zeit, in der Homosexualität verpönt war, in dieser Novelle nachrangig. Wichtiger ist die Tatsache, dass hier die ausschließlich selbstbezogenen Interessen über die sittliche Verpflichtung, drohende Lebensgefahr für einen anderen und zudem angeblich geliebten Menschen abzuwenden, gestellt werden.

Nun ist es nicht Tadzio, der an der Cholera stirbt, sondern Aschenbach. *Da hat er nun die gerechte Strafe erhalten für sei-*

nen Egoismus, mag man denken. Eine solche metaphysische Überlegung allerdings findet sich nicht in der Novelle. In ihr geht es ja nicht darum, *warum* es die Cholera überhaupt gibt, sondern sie schildert, *wie* sich ein im Grunde von Sittlichkeit geprägter Mensch dieser schrittweise entledigt, um sie einer im Alter überraschend aufbrechenden Sinnlichkeit zu opfern. Manns Novelle ist keine Kritik an derartiger Sinnlichkeit, wohl aber daran, dass in der Sinnlichkeit die sittliche Orientierung verloren geht.

Manns Novelle zeigt mithin, wie dünn die Schicht der Sittlichkeit sein kann, ehe sie in einer existenziellen oder auch politischen Konfliktsituation abbröckelt. Sie deutet damit ungeahnt an, was sich kurz darauf ab 1914 in noch viel erschreckender und grausamerer Weise in Weltkriegen und Diktaturen zeigen wird.

8. Albert Camus: Die Pest (1947)

Der Roman „Die Pest“[16] von Albert Camus ist zum Klassiker und nicht selten zur Schullektüre geworden. Das liegt kaum an der eher spröden Sprache, die beim Wiederlesen nach Jahrzehnten auffällt, sondern vor allem an der philosophischen Antwort auf die durch die Pest sich aufdrängende Frage, welche Folgen sich aus ihr für das Denken und Handeln ergeben.

Die Geschichte ereignet sich im algerischen Oran Anfang der 1940er Jahre und somit in der Gegenwart des Autors. Zu Beginn ist es eine einzelne tote Ratte, über die der Arzt Dr. Bernard Rieux eines Morgens stolpert. Doch bald nimmt ihre Zahl überall in der Stadt zu. Und dann sind es die ersten Patienten, die ein eigenartiges Krankheitsbild aufzeigen; kurz darauf sterben einige von ihnen. Als es immer mehr werden, erkennen Ärzte die Pest als Verursacherin. Die Stadtverwaltung beschwichtigt anfangs, doch Rieux fordert, „dass umfassende Maßnahmen nötig seien, nicht Phrasen“ (73). Dann beschließt die Regierung: „Pestzustand erklären, Stadt schließen.“ (76) Nicht wenige Bürger empfinden das als Verbannung, zumal „die größten Pessimisten“ (83) als deren Dauer ein halbes Jahr annehmen. „In diesem Ausnahmezustand von Einsamkeit konnte niemand auf die Hilfe des Nachbarn rechnen, und jeder blieb mit seiner Sorge allein.“ (87) Die Stimmung vieler ist wetterabhängig: Die Sonne bringt helle, der Regen trübe Gedanken.

Die Kirchenbehörden beschließen „eine Woche des gemeinsamen Betens“ (106) mit einer Festmesse zu Ehren des Pestheiligen Sankt Rochus zum Abschluss. In der vollbesetzten Kathedrale beginnt der hochgelehrte Jesuitenpater Paneloux seine

Predigt mit den Worten: „Liebe Brüder, ihr seid im Unglück, liebe Brüder, ihr habt es verdient.“ (109) Er versteht die Pest als göttliche Strafe für gottlos lebende Menschen[17]. Zugleich aber ist sie Ausdruck göttlichen Erbarmens: „Selbst die Geißel, die euch quält, erhebt euch und zeigt euch den Weg.“ (113)

In einem Gespräch über die Predigt mit seinem Nachbarn Jean Tarrou erläutert Rieux, dass für ihn die Pest nur in einem sehr eingeschränkten Sinn etwas Gutes bewirken kann ... „wie alle Krankheiten dieser Welt. Aber was für die Übel dieser Welt gilt, das gilt auch für die Pest. Das kann einigen dazu helfen, zu wachsen. Wenn man jedoch das Elend und den Schmerz sieht, den die Pest bringt, muss man verrückt, blind oder feige sein, um sich mit ihr abzufinden.“ (144) Aber auch für Rieux bedeutet die Pest – trotz seiner unermüdlichen Heilungsbemühen – etwas, nämlich „eine Niederlage ohne Ende.“ (147) Er verneint die Frage, ob er an Gott glaube: „Ich tappe im Dunkeln und versuche dennoch, Klarheit zu finden.“ (144) Und er fügt hinzu: „Wenn er an einen allmächtigen Gott glaubte, würde er aufhören, die Menschen zu heilen und würde diese Sorge ihm überlassen.“ (145)

Der Priester ist für den Arzt „ein Mann der Bücher. Er hat nicht genug Menschen sterben sehen, und deshalb spricht er im Namen einer Wahrheit. Aber der kleinste Landpriester, der seine Gemeinde verwaltet und das Atmen eines Sterbenden gehört hat, denkt wie ich. Er würde dem Elend abhelfen, bevor er seine Vorzüge darlegen wollte.“ (144) Ein paar Monate darauf treffen sich beide am Bett eines sterbenden Kindes. Es leidet entsetzlich unter einem Fieberanfall. „Am Ende der Krise nahm das erschöpfte Kind mit seinen verkrampften knochigen Armen und seinen Beinen, deren Fleisch in achtundvierzig

Stunden dahingeschmolzen war, in dem zerwühlten Bett die groteske Stellung eines Gekreuzigten ein." (243)

Nach dem Tod des Jungen reagiert der ansonsten besonnene Rieux ungewohnt heftig auf Paneloux: „Ah! Der hier zumindest war unschuldig, das wissen Sie genau!" (246) Dieser murmelt: „Es ist empörend, weil es über unser Maß geht. Aber vielleicht müssen wir lieben, was wir nicht begreifen können." (247) Der Arzt protestiert: „Ich werde mich bis zum Tod hinein weigern, diese Schöpfung zu lieben, in der Kinder gemartert werden." (247) Gleichwohl kommen beide sich jetzt näher, akzeptieren einander in ihren unterschiedlichen Aufgaben: dem einen geht es um das Seelenheil, dem anderen um die körperliche Heilung der Menschen. „Was ich hasse, sind der Tod und das Böse", sagt Rieux zu Paneloux, „und ob Sie wollen oder nicht, wir sind zusammen da, um sie zu erleiden und zu bekämpfen." (248f) Und dabei die Hand des Priesters haltend fügt der Arzt, ohne ihn dabei anzuschauen, hinzu: „Jetzt kann selbst Gott uns nicht trennen." (249)[18]

Paneloux wird Mitglied in einer freiwilligen Sanitätsgruppe. Er empfiehlt Rieux , sich eine weitere Predigt von ihm anzuhören. Jetzt will er die Pest nicht mehr erklären, wohl aber aus ihr lernen. Er will das Leiden und Sterben eines Kindes nicht durch den Hinweis auf die himmlischen Freuden in der Ewigkeit abmildern. In einem solchen Fall erleichtere Gott das Leben nicht, im Gegenteil: „Hier treibe er uns in die Enge." (253) Deshalb protestiert der Pater gegen einen Ewigkeitstrost. „Wer konnte denn behaupten, dass eine ewige Wonne einen Augenblick menschlichen Schmerzes ausgleichen kann? Ganz sicher kein Christ, dessen[19] Meister den Schmerz in seinen Gliedern und seiner Seele empfunden hat." (254) Der Prediger „ahne wohl, dass man das beängstigende Wort Fatalismus aussprechen werde. Nun, er schrecke nicht vor diesem Ausdruck zurück, wenn man ihm nur erlaube, das Adjektiv ‚tätig' hinzuzufügen." (256) Und dies bedeutet: „Man müsse sich nur aufmachen und in der Finsternis ein wenig blindlings vorwärts gehen und versuchen, Gutes zu tun ... und sich bereitwillig ganz Gott anvertrauen, sogar beim Tod der Kinder, ohne persönliche Hilfe zu suchen." (257f)[20] – Als Rieux nach dem Gottesdienst die Kirche verlässt, „verfing sich ein stürmischer Wind in der halboffenen Tür und blies den Gläubigen mitten ins Gesicht." (259)

Paneloux, der treu an der Pest Erkrankte und Sterbende begleitet, stirbt bald darauf selber. Und auch Rieux' Freund Tarrou, der den Sanitätsdienst ins Leben gerufen hat, wird an der Pest sterben, absurderweise als die Epidemie nach gut einem Jahr bereits fast ganz abgeklungen ist. Auch er glaubt nicht an Gott, möchte aber wissen: „Kann man ein Heiliger ohne Gott sein?" Worauf Rieux ihm antwortet: „Ich glaube, ich habe keinen Sinn für Heldentum und Heiligkeit. Was mich interessiert, ist, ein Mensch zu sein." (290)

Lediglich einen kleinen Ausschnitt aus diesem großen Roman ist hier wiedergegeben, nämlich seine philosophischen und theologischen Gedanken. Anderes entfällt dabei: beispielsweise die zu Beginn zögerlichen, manchmal unbeholfen wirkenden Reaktionen von Behörden und Regierung auf die Epidemie, die in vielem an das erinnern, was uns durch die Corona-Krise vertraut geworden ist; die unterschiedlichen Reaktionen und widerstreitenden Stimmungslager der Bewohner Orans, die sich in ähnlicher Weise in unseren Corona-Zeiten beobachten lassen; oder auch der an bestimmte Situationen in Italien, Spanien oder Brasilien erinnernden Umgang mit der kaum zu bewältigenden Menge an Verstorbenen, die ohne Trauerfeiern in Massengräbern beigesetzt werden. Allein alles dieses macht diesen Roman aktuell.

Allerdings: Camus geht es nicht um eine naturalistische Schilderung der Pest und ihrer Ausbreitung. Gleichsam als Interpretationshilfe steht nämlich vor dem ersten Kapitel ein Zitat von Daniel Defoe: „Es ist ebenso vernünftig, eine Art Gefangenschaft durch eine andere darzustellen, wie irgendetwas wirklich Vorhandenes durch etwas, das es nicht gibt." (5) Von besonderem Interesse ist hier der erste Satzteil; er beinhaltet, dass der Roman als Parabel zu begreifen ist. Camus beschreibt die Gefangenschaft durch die Pest. Zugleich geht es ihm aber um die Gefangenschaft durch die Pest des Nationalsozialismus oder durch die Pest von Faschismus und Diktatur. Er arbeitet ab 1941 fünf Jahre an diesem Buch, also genau in jener Zeit, in der die deutsche Wehrmacht Frankreich besetzt hält. Von daher mag die literarische Form der Parabel eine Art Selbstschutz gewesen sein, wie sie auch andere in Diktaturen Schreibende benutzt haben. Zu lesen ist der Roman also nicht zuletzt als Aufforderung, sich am Kampf gegen die politische Pest zu beteiligen, also in der Résistance mitzuarbeiten.

Halboffene Hinweise auf diese Zielrichtung finden sich durchaus im Roman. Anfangs heißt es: „Es hat auf der Welt genauso viele Pestepidemien gegeben wie Kriege. Und doch treffen Pest und Kriege die Menschen immer unvorbereitet. Doktor Rieux war genauso unvorbereitet wie unsere Mitbürger, und von daher muss man sein Zögern verstehen." (46) Nach Kriegsende musste Camus sich den Vorwurf gefallen lassen, seine Entscheidung für Aktivitäten im Widerstand erst ziemlich spät und nur zögerlich getroffen zu haben. Da sein Roman erst zum Kriegsende fertiggestellt war, kann es Camus nun nicht mehr um einen Aufruf zum Widerstand in einer gerade gegenwärtigen politischen Pest gehen, sondern um die innere Vorbereitung auf eine künftige. Und dabei hat Camus mehr im Blick als das besiegte Regime der Nationalsozialisten und seiner französischen Helfer. In seinem Tagebuch notiert er während der Arbeit am Roman: „Ich will mit der Pest das Ersticken ausdrücken, an dem wir gelitten haben, und die Atmosphäre der Bedrohung und des Verbanntseins, in der wir gelebt haben. Ich will zugleich diese Deutung auf das Dasein überhaupt ausdehnen."[21] Und in einem Brief erläutert Camus 1948: „Es gibt drei verschiedene Lesarten für *Die Pest*. Sie ist sowohl die Chronik einer Epidemie als auch Symbol der Besatzung durch die Nazis (und Abbild jeder totalitären Herrschaft) und drittens die konkrete Veranschaulichung eines metaphysischen Problems, das des Bösen"[22].

In einem langen Gespräch erklärt Tarrou seinem Freund Rieux, warum er am Kampf gegen die Seuche gerade in diesem Sinne teilnimmt, weil nämlich „jeder sie in sich trägt, die Pest, weil kein Mensch, nein kein Mensch auf der Welt von ihr unberührt ist." (287) Eindeutig handelt es sich dabei um Camus' eigene Überzeugung. Tarrou lehnt die Todesstrafe entschieden ab, seitdem er Zeuge der Grausamkeit einer Hinrichtung wurde. Er konnte der Begründung nicht länger Glauben schenken, „diese paar Toten seien notwendig, um eine Welt herbeizuführen, in der niemand getötet würde." (284) Darum hat er sich entschlossen, „niemandes Todfeind zu sein. Ich weiß nur, dass man das Nötige tun muss, um kein Verpester zu sein und dass wir nur dadurch auf Frieden hoffen können oder doch wenigstens auf einen guten Tod. Deshalb habe ich beschlossen, alles abzulehnen, was von nah oder fern, aus guten oder schlechten Gründen, tötet oder rechtfertigt, dass getötet wird." (287)

Diese pazifistische Haltung vertritt Camus vehement in den politischen und literarischen Auseinandersetzungen der 1950er Jahre. Und genau hierin liegt ein wesentlicher Anlass für seine wachsende Distanz zu Jean-Paul Sartre, verteidigt dieser doch das Recht auf bewaffneten Widerstand – etwa in revolutionären Befreiungskämpfen. Ein Parteigänger Sartres polemisiert, „Camus' Roman transportiere eine Rotkreuzmoral."[23] Diese Schmähung zeugt von ähnlicher Geistesbeschränktheit wie die heutzutage gebräuchliche vom Gutmenschen. Will man anstelle der sich um Gutes mühenden Menschen lieber böse? Und wie viel humaner ginge es zu, wenn in zwischenstaatlichen Konflikten wenigstens die Regeln des Roten Kreuzes eingehalten würden!

Im Roman gibt es einige direkte und indirekte autobiografische Bezüge. Frau Rieux beispielsweise weilt nicht in Oran, sondern ist zur Kur in Frankreich. Im wirklichen Leben ist es umgekehrt, Camus' Frau bleibt in Algerien, während er zur Linderung seiner ihn seit Jugendtagen immer wieder quälenden Tuberkulose Linderung in Frankreich sucht. Er kommt für etwa ein Jahr in Le Panelier unter, einem kleinen abgelegenen Dorf in einer Hochebene der Cevennen. Nur vier Kilometer entfernt davon liegt das Dorf Le Chambon. Die Gegend um dieses Dorf herum ist konfessionsmäßig so etwas wie eine Enklave der Reformierten Kirche Frankreichs, in der auch viele Darbysten Zuflucht gefunden haben. Hier wirkt ab 1934 der pazifistisch gesonnene reformierte Pastor André Trocmé mit seiner Frau Magda[24]. Auf ihre Initiative hin werden über die Jahre Tausende von jüdischen Menschen vor der drohenden Deportation bewahrt.

Zwar hat Camus das Nachbardorf wohl nicht selber besucht, aber von den mutigen Menschen dort gehört. Offenbar ist er von ihnen derart beeindruckt, dass sich einige ihrer Namen und Charaktere leicht verschlüsselt in der „Pest“ wiederfinden lassen[25]:

Aus dem Ortsnamen Panelier wird Paneloux, der Name des Jesuiten. Ein Arzt in Chambon heißt Rioux, aus ihm wird Dr. Rieux. Dieser wiederum ist in seinem widerständigen Charakter interessanterweise dem anderen Arzt in Chambon nachgebildet, der Le Forestier heißt, allerdings tiefgläubig ist und der ebenso alt ist wie Rieux. Und schließlich gibt es im Roman den Rathausangestellten Grand, durch welchen Camus den Bauern Joseph Grand aus Panelier ehrt, der als einfacher Mann das ethisch Richtige tut.

Eigenartigerweise sind es ausschließlich Männer, die die Sinnlosigkeit der Welt anerkennen und doch zugleich gegen sie arbeiten, die also Sisyphos vergleichbar je ihren Stein immer wieder aufs Neue den Berg hochwälzen, ohne je den Gipfel zu erreichen. Von Frauen ist in der „Pest“ nur selten und dann ausschließlich nebenbei zu lesen. Lediglich erwähnt wird die Abwesenheit von Frau Rieux. Nur wenig ausführlicher wird die Mutter des Arztes vorgestellt, vermutlich ein Porträt von Camus' geliebter Mutter[26]; sie saß „zurückhaltend auf einem Stuhl in der Ecke des Esszimmers ... Dort verbrachte sie ihre Tage, wenn die Hausarbeit getan war.“ (140) Ansonsten gilt: „Die Pestwelt ist eine reine Männerwelt, ein Freundschaftsbund der einsamen Pessimisten, der Originale, der selbstlosen Arbeiter.“[27]

Ein weiterer autobiografischer Bezug findet sich in der Person des Jesuiten Paneloux. Dieser ist kein Gemeindepfarrer, sondern er forscht über Augustinus. Genau das hat auch Camus 1936 in seiner philosophischen Diplomarbeit unter dem Titel „Christliche Metaphysik und Neuplatonismus" getan[28]. In ihr vertritt er eine Überzeugung, die sich auch in der „Pest" erkennen lässt: „Camus zeigt eine klare Neigung zum Christentum ... ohne Gott. Er verherrlicht die Pflichterfüllung in der Welt, mißtraut aber dem christlichen Glauben an die Vorsehung"[29].

Es wäre falsch, aufgrund dieses ambivalenten Befundes Camus christlich zu vereinnahmen. Gleichwohl gilt nicht nur für „Die Pest": „Die Vorstellung von einem Gott, an den er nicht glauben konnte, verfolgte ihn."[30] Zu widersprechen ist jedoch der Behauptung, dieses Buch sei „nicht a-christlich, aber es ist – sehr gelassen und didaktisch – das antichristlichste Buch Camus'."[31] Gewiss versteht Rieux sich als Nicht-Christ, gleichwohl schließt er am Ende mit dem Jesuiten einen Bund, seit der Augustinus-Spezialist seine auf diesen gründende dogmatische Überzeugung verlassen hat. Augustinus nämlich, so hält Camus in seinem Tagebuch fest, ist „der einzige christliche Denker von Format, der dem Problem des Bösen ins Gesicht geblickt hat". Allerdings hat er „daraus den schrecklichen Schluß des ‚Nemo Bonus' gezogen", und seither stehen die Christen „dem Bösen empört oder ergeben gegenüber"[32].

Gemeinsam mit Paneloux bekämpft Rieux das Böse, weshalb die unterschiedliche philosophische und theologische Begründung beider in den Hintergrund tritt. Fast kann man von einer im Handeln begründeten versöhnten Verschiedenheit beider sprechen. Oder man mag an Dietrich Bonhoeffers vielzitierten

Worte vom Mai 1944 erinnern: „Unser Christsein wird heute nur in zweierlei bestehen: im Beten und im Tun des Gerechten unter den Menschen."[33] Danach ist der das Gerechte tuende – jedoch nicht betende – Camus in der Tat kein Christ, aber er kämpft Seite an Seite mit einem betenden Priester, allerdings nicht weil, sondern eher, obwohl dieser betet. Camus selber beschreibt seinen literarisch ungemein produktiven inneren Zwiespalt einmal so: „Ich lese oft, ich sei Atheist, ich höre oft von meinem Atheismus reden. Aber diese Worte sagen mir nichts, sie haben keinen Sinn für mich. Ich glaube nicht an Gott *und* ich bin kein Atheist."[34]

Camus steht nicht allzu fern von jener christlichen Ethik, der es um Gerechtigkeit und deren Durchsetzung geht. In einer der „Pest" vorangehenden Schaffensphase sieht Camus die Welt vornehmlich als absurd, also ohne Sinn. Diese Sicht könnte den Einzelnen in den Egoismus treiben, in die Resignation oder gar in den Suizid.[35] Jetzt fragt Camus, welche nicht-religiösen Maßstäbe – um nicht zu sagen: Gebote – es für ein verantwortliches Handeln geben kann. Er findet diese, zunächst ex negativo, im aktiven Kampf gegen das Böse und dann in dessen Erläuterung positiv im Eintreten für Gewaltlosigkeit, Versöhnung und Frieden.

Ging es Thomas Mann um den Konflikt zwischen Sittlichkeit und Sinnlichkeit, so arbeitet Camus sich ab am Spannungsverhältnis von Sittlichkeit und Sinnlosigkeit. Dabei hält er gerade in der Sinnlosigkeit an seiner Sittlichkeit fest, damit die Sinnlosigkeit nicht obsiegt über ihre Opfer. Insofern ist „Die Pest" eine konkrete erzählende Illustration der im „Mythos des Sisyphos" abstrakt auf philosophischer Ebene entfalteten Lebenssicht.

9. Andrzej Szczypiorski: Eine Messe für die Stadt Arras (1971)

Andrzej Szczypiorski, der Autor von „Eine Messe für die Stadt Arras“[36], nimmt als Jugendlicher 1944 am Warschauer Aufstand teil, wird gefangengenommen und ins KZ Sachsenhausen deportiert. Gleichwohl setzt er sich später entschieden für eine Versöhnung mit Deutschland ein. Vermutlich ist er evangelisch, befindet sein Grab sich doch auf dem Warschauer Friedhof der evangelisch-reformierten Kirche. In seinen Werken allerdings ist keine konfessionelle Prägung erkennbar.

1458 wütet die Pest in der im nordwestlichen Frankreich gelegenen Stadt Arras. Der Ort wird militärisch abgeriegelt. Empörung und Lästerung steigern sich, weil die Menschen zu dem Schluss kommen, „daß Gott selbst ihrer spotte.“ (47) Hunger greift um sich, Hilfe von außen gibt es nicht. Natürlich sucht man sogleich nach Schuldigen: ein Jude ist bald gefunden, dann eine Hexe und dann noch ein Jude. „Alle Bürger begriffen wohl, daß die Juden ein fremdes Element sind und daß Gott eine Stadt auf eine schwere Probe stellt, wenn er sie zum Zusammenleben mit den Henkern unseres Herrn Jesus Christus verurteilt.“ (30) Die ersten Hinrichtungen erfolgen, gebilligt von dem der Bürgerschaft vorstehenden Priester Albrecht. Jemand urteilt über sein Handeln: „Solche wie der da sind immer die Schlimmsten. Sie morden sündlos.“ (29) Doch die tödliche Pest wütet weiter. Im Oktober 1461 kommt es zur geschichtlich verbürgten ‚Vauderie d’Arras‘. In diesem blutrünstigen Wüten werden tagelang Menschen jeglichen Standes hingerichtet, weil sie Juden sind, Hexen oder Häretiker sein sollen. Verbrechen sind an der Tagesordnung: Die Bürger „hatten ihr Gewissen an die Herde abgetreten“ (142). Bald bringen sich politisch

Verantwortliche gegenseitig um; die Revolution frisst nicht nur ihre Kinder, sondern auch ihre Eltern.

Da endlich kommt David, der weltzugewandte und ungläubige Fürstbischof von Utrecht, in die Stadt, um den Terror zu beenden. Dabei feiert er in der Kathedrale ein ungewöhnliches Ereignis, genannt „der Sonntag des Vergebens und Vergessens, der Tag der großen Sündentilgung“ (172), darin, ebenfalls historisch belegt, „der größte Augenblick: David vergab der Stadt ihre Sünden und segnete sie; ... Der Bischof sagte: ‚Was geschehen ist, ist nicht geschehen, und was war, ist nicht gewesen!‘ Und wieder segnete er die Stadt, für die er vom Herrgott die Vergebung der Sünden und die Tilgung jeglicher Schuld erwirkt hatte.“ (176)

Und alles ist wieder gut? Nein, nichts ist wieder gut, jedenfalls nicht für den Ich-Erzähler Jean. Er misstraut dieser voraussetzungslosen Schuldvergebung. Er beharrt darauf: „Die Seuche war nicht unser Werk, während wir uns die letzten Geschehnisse, denen so viele der achtbarsten Landsleute zum Opfer gefallen waren, selber zuschreiben mußten.“ (174) Und er misstraut der Wirksamkeit der Sündenvergebung, denn das Volk weinte zwar während der Messe, während „die Herzen kühl blieben.“ (175) Und er fragt sich: „Wie viele Male hatten sie das Sakrament geschaut, wie viele Male Christus in sich aufgenommen, ihm dabei ihren ganzen Glauben dargebracht. Und was war die Folge davon?“ (175) Für ihn wurde durch die Generalabsolution für die Stadt „kein einziger Schritt vorwärts gemacht.“ (193)

Ähnlich wie „Die Pest“ beinhaltet auch dieser Roman eine vielschichtige Parabel, die auf unterschiedliche Weise deutbar ist:

als Erinnerung an die Schuld von Menschen sowohl im Faschismus wie im Stalinismus oder auch in der Französischen Revolution, denn mit Maximilien Robespierre ist einer ihrer radikalsten Protagonisten in Arras geboren. Auf jeden Fall aber geht es um die Verantwortung von Einzelnen in durch Massenbewegungen geprägten geschichtlichen Prozessen: „Jeder für sich allein“ nämlich muss sich fragen: „Warum habe ich geglaubt, daß man andere Menschen in Arras töten darf?“ (184) Und man muss sich der Frage stellen, inwieweit es überhaupt möglich ist, jemals aus dem Kreislauf der Gewalt auszubrechen; der Bischof jedenfalls stellt illusionslos fest: „Für Gott geschieht solches nicht zum ersten Mal auf der Welt. Und auch nicht zum letzten Mal ...“ (187; Punkte im Text). Und naheliegend ist die Parabel auch zu lesen als Antwort auf die Frage, aus welchem Geist heraus Judenpogrome entstehen und auf welche Weise sie anschließend (nicht) aufgearbeitet werden.

Im „Tod in Venedig“ geht es um die Frage, ob und wie Sittlichkeit sich in einer persönlichen Krise bewährt und darin ihre prägende Kraft erhält oder verliert. In „Eine Messe für die Stadt Arras“ und noch schärfer in „Die Pest in Bergamo“ wird grundsätzlich angezweifelt, ob überhaupt der christliche Glaube sich in einer gesellschaftlichen und politischen Krise bewähren kann. Dabei scheint bei Szczypiorski der Glaube wenigstens für einen Einzelnen seine prägende Kraft bewahrt zu haben, während sich diese bei Jacobsen für eine ganze Stadtgesellschaft bis zur Unwirksamkeit abschwächt.

Es geht mithin um den Nutzen und Nachteil des Glaubens für das Leben. Ein Nutzen des Glaubens kann in seiner ihm innewohnenden ethischen Orientierungsmöglichkeit bestehen, und er ist erst dann Glaube, wenn die Möglichkeit zur ethischen

Orientierung als Angebot und Chance verstanden und deshalb ergriffen wird. Der Nachteil des Glaubens besteht darin, dass er die Verantwortung des Einzelnen für sein Tun und Lassen nicht immanent belässt, sondern die Verantwortung vor Gott stellt. Der Einzelne kann sich somit nicht selbst oder durch die Verhältnisse entschuldigen, sondern ist auf Entschuldung durch Gott angewiesen.

Dem Glauben wird in diesem Roman ein positives ethisches Verantwortungsreservoir abgesprochen, zumindest für die Bürger von Arras, vermutlich aber grundsätzlich. Selbst der Bischof vertritt ja eine Überzeugung von der Wiederkehr des Gleichen, nämlich des gleichen Bösen. Und es ist auffallend, dass die Ungläubigen und Gottlosen in diesem Roman als eher gut, die Gläubigen und Frommen dagegen als eher böse vorgestellt sind. Darum die bittere Erkenntnis: „Zu viel Glaube, zu wenig Verstand!", verbunden mit der Forderung: „Legt die Regierungsgewalt in die Hände vorurteilsfreier Menschen, die Frömmigkeit mit gesundem Menschenverstand zu vereinen wissen." (121) Die offensichtlich ethisch folgenlos eingenommenen Gaben der Eucharistie belegen die Überflüssigkeit dieses Glaubens, dem keine biblisch begründete Gestaltungskraft mehr innewohnt.

Die befremdende voraussetzungslose Versöhnungsfeier mit ihrer vorbehaltlosen Sündenvergebung für alle ist geradezu ein Paradebeispiel für Bonhoeffers Kritik einer unbiblischen billigen Gnade: „Billige Gnade ist die Gnade, die wir mit uns selbst haben. Billige Gnade ist Predigt der Vergebung ohne Buße, ... ist Abendmahl ohne Bekenntnis der Sünden, ist Absolution ohne persönliche Beichte. Billige Gnade ist Gnade ohne Nachfolge."[37] Billige Gnade bleibt ethisch folgenlos.

Jean, der Ich-Erzähler, allerdings weiß, dass wirklicher und wirkender Glaube anders aussieht, darum weist er in seinem Bericht hin auf den aus seiner Sicht abzulehnenden Glauben der meisten Bürger von Arras, ihres klerikalen Stadtoberhauptes Albrecht sowie nicht zuletzt des Fürstbischofs David. Jean hat sich immerhin „ein Fünkchen Glauben bewahrt. Nicht viel, aber es reicht für eine Anleihe auf die beste aller Welten[38]. Dabei habe ich natürlich die berühmte Stadt Brügge im Sinn und ihre Bürger.“ (198) Nicht viel, in der Tat, zumal keineswegs ausgeschlossen ist, dass auch Brügge einmal zu Arras werden wird.

Ausgesprochen skeptisch also ist das ethische und theologische Resümee dieses Romans, legt seine Lektüre doch nahe: Zu Halt und Orientierung in alles verändernden gesellschaftlichen Ereignissen, wie hier am Beispiel der Pest gezeigt, taugt der Glaube kaum etwas, da er der Verrohung nichts entgegensetzen kann, ja diese sogar ermöglicht und legitimiert. Gewiss lassen sich auch geschichtliche Gegenbeispiele anführen, doch leider ist es ebenso nachweisbar, dass der Glaube immer wieder genau diese kritisierte Funktion angenommen hat. Franz Overbeck hält einmal resignierend fest: „Die Kirchengeschichte lehrt, daß das Christentum ... unfähig gewesen ist, sich den Folgen auch nur einer einzigen Schwäche der menschlichen Dinge zu entziehen. Nicht ein Greuel der Geschichte ... fehlt in den Erfahrungen der Kirchengeschichte.“[39]

Diese Behauptung sowie die Einsicht des Romans keineswegs leugnend, sei gleichwohl auf eine Dialektik hingewiesen: Dem christlichen Glauben wohnt nach den Erfahrungen der Geschichte stets beides inne, die Möglichkeit einer sich zwar christlich nennenden, in Wirklichkeit aber die biblische Sittlichkeit ignorierenden oder gar verleugnenden Unsittlichkeit sowie die Möglichkeit einer gelebten biblisch begründeten Sittlichkeit. Verwiesen sei hier lediglich auf einige der in diesem Literaturüberblick vorgestellten handelnden Personen.

10. Gabriel García Márquez: Die Liebe in den Zeiten der Cholera (1985)

Der kolumbianische Literatur-Nobelpreisträger Gabriel García Márquez zeichnet sich aus durch eine lebendige, spannende und auch bei tragischen Szenen keineswegs humorlose Erzählweise, in welcher die Grenzen zwischen Realität und Unwahrscheinlichkeiten verschwimmen. Dieser magische Realismus prägt auch sein Werk „Die Liebe in den Zeiten der Cholera“ [40].

Fünf Jahre lang hat Florentino Arizo bereits vergeblich in Liebesbriefen um Fermina Daza geworben. Nun endlich ist die 19-Jährige bereit, den 23-Jährigen zu heiraten, doch Ferminas Vater verhindert das. Eher widerstrebend ehelicht sie schließlich den zehn Jahre älteren Juvenal Urbino, einen angesehenen Arzt, der sich um die Eindämmung der Cholera in Kolumbien verdient gemacht hat.

Der mittellose Florentino beschließt, sich einen Namen zu machen und reich zu werden, um sich Ferminas würdig zu erweisen. Er bringt es bis zum Präsidenten der Karibischen Flussschifffahrtskompanie. Weil seine Liebe zu Fermina unerfüllt bleibt, geht er eine Fülle von Liebschaften ein, deren Anzahl er mit 622 akribisch festhält. Als Urbino mit 81 Jahren beim Versuch, einen entflohenen Papagei wieder einzufangen, tödlich verunglückt, sieht Florentino seine Chance gekommen. Noch am Beerdigungstag gesteht er Fermina seine ungebrochene Liebe, wohl etwas verfrüht, denn er erhält eine entrüstete Abfuhr. Mit einfühlsamen Briefen während des Trauerjahres erweicht er sie schließlich doch, und beide unternehmen eine gemeinsame Flussreise. Jetzt endlich, nach „dreiundfünfzig Jahren, sieben Monaten und elf Tagen und Nächten“ (507), werden sie ein Paar. „Es war, als hätten sie den harten Leidensweg des Ehelebens übersprungen, um ohne Umwege zum Kern der Liebe vorzudringen." Sie „erkennen, daß die Liebe zu jeder Zeit und an jedem Ort Liebe war, jedoch mit der Nähe des Todes an Dichte gewann." (503) Unter dem Vorwand, die Cholera sei an Bord, müssen die übrigen Passagiere das Schiff verlassen. Die dann gehisste gelbe Choleraflagge verbietet ein Anlaufen weiterer Häfen. Florentino gibt die Parole aus: „Wir fahren geradeaus, immer weiter geradeaus." (506) Und auf die Frage, wie lange, antwortet er: „Das ganze Leben." (507)

Zugegeben, dieses Buch erfüllt kaum die einleitend genannten Auswahlkriterien. Aus dreierlei Gründen wird es trotzdem vorgestellt. Erstens: Der Titel ist inzwischen zum geflügelten Wort geworden, dessen Zeitangabe vielfach variiert wird. Im Deutschen hat Cholera allerdings nicht die Mehrdeutigkeit, die coléra im kolumbianischen Spanisch innewohnt. Das Wort kann neben der Krankheitsbezeichnung auch Hitze und Leidenschaft bezeichnen; letztere klingt ja auch im Wort cholerisch an. Der Liebe also, zumal als glühende und leidenschaftliche, lässt sich auf Dauer ebenso wenig etwas entgegensetzen, wie das bei einem Befall durch Cholera möglich ist. So lässt sich denn als originelle Pointe die Choleraflagge auch als Liebesfahne verstehen, die Zweisamkeit schützt.

Sodann zweitens: Wenn man so will, mag man die Geschichte verstehen als nicht-religiöse Interpretation von 1. Korinther 13,13: „Nun aber bleiben Glaube, Hoffnung, Liebe, diese drei; aber die Liebe ist die größte unter ihnen." Florentino glaubt allen Widrigkeiten zum Trotz so sehr an seine Liebe zu Fermina, dass seine Hoffnung sich schließlich doch noch glücklich erfüllt. Und nicht zuletzt drittens: Dieses Buch ist eine der schönsten literarischen Liebesgeschichten überhaupt.

11. José Saramago: Die Stadt der Blinden (1995)

In seinem Roman „Die Stadt der Blinden“[41] zeichnet der Portugiese José Saramago den durch eine Epidemie bedingten Verfall jeglicher Ordnung nach, dem lediglich menschliche Solidarität etwas entgegensetzen kann.

Während er an einer Ampel wartet, erblindet ein Mann urplötzlich. Als Notfall führt man ihn zu einem Augenarzt, doch der kann keine Ursache dafür ausmachen: „Ich finde nichts, Ihre Augen sind vollkommen.“ (25) Doch bald darauf erblinden ebenso die anderen in der Praxis wartenden Patienten, schließlich auch der Arzt selber, dann auch weitere Menschen in der Stadt. Um die Ausbreitung der Blindheit zu verhindern, isoliert man die Betroffenen in einer psychiatrischen Anstalt. Doch das nutzt wenig, denn gleich am ersten Tag gibt es „Hunderte von Fällen, alle gleich, alle traten auf dieselbe Weise auf, plötzlich, merkwürdigerweise ohne Verletzung, das leuchtende Weiß im Blickfeld, kein Schmerz vorher, kein Schmerz danach.“ (150) Darum nennt man die Erkrankung „Weißes Übel“. (53)

Bald ist die Psychiatrie überbelegt. Das Essen langt nicht, die sanitären Anlagen reichen bei weitem nicht aus. Es „kann sich niemand in seiner Phantasie … das Ausmaß der Schweinerei, die hier herrscht, auch nur annähernd vorstellen.“ (163) Es kommt zur Bandenbildung. Der „Saal der niederträchtigen Blinden“ (197) übernimmt die Macht und übt eine despotische Herrschaft aus, „blinde Gewalt“ (171) im doppelten Wortsinn. Nicht nur Nahrung wird vorenthalten, auch alle Wertgegenstände werden den anderen Blinden gestohlen. Und Frauen werden ausgesucht, verteilt und vergewaltigt. Die sechsköpfige Gruppe um den Augenarzt hat einen Vorteil, denn zu ihr gehört auch die Frau des Arztes, die als einzige nicht erblindet ist; sie gibt lediglich vor, es zu sein, um ihrem Mann beizustehen. Als ein Mitglied dieses sich gegenseitig helfenden kleinen Kreises vom Anführer der Niederträchtigen missbraucht wird, tötet die Arztfrau diesen mit einer Schere.

Ein Ausbruchversuch aus der Anstalt wird vom bewachenden Militär brutal verhindert. Doch bald darauf steht das Tor plötzlich auf. „Die Soldaten waren fortgegangen, oder man hatte sie fortgebracht, da auch sie blind waren, jetzt waren endlich alle blind." (264) Von nun an irren Blinde durch die Stadt, plündern Lebensmittelgeschäfte und Privatwohnungen, hungern, sterben, Leichen werden von Hunden angefressen. Verzweiflung kommt auf; eine alte Frau fragt sich, „welchen Sinn es noch hatte, weiterzuleben. Sie fand keine Antwort." (317) Selbst der sehenden Arztfrau gelingt es nicht mehr, ausreichend Essen und Trinken für die kleine Gruppe aufzutreiben.

Und Gott? „Gott sieht uns, sagt die Frau des ersten Blinden, die trotz aller Widrigkeiten noch fest daran glaubte, daß Gott nicht blind ist, worauf die Frau des Arztes antwortete: Nicht einmal er, der Himmel ist bedeckt, nur ich kann euch sehen."[42] (341) Schließlich kommt die Gruppe auf der Suche nach einem Ort zum Ausruhen in eine Kirche. Erstaunt erklärt die Sehende ihrem Mann: „Du wirst mir nicht glauben, wenn ich dir sage, was ich vor mir habe, alle Bildnisse in der Kirche haben die Augen verbunden" (387), und auch Jesus am Kruzifix trägt eine weiße Binde über den Augen. Der Arzt vermutet, ein Priester habe das kurz vor seiner Erblindung gemacht: „Dieser Priester muß der größte Heiligenschänder aller Zeiten und aller Religionen sein, der gerechteste, der radikal menschlichste, hergekommen, um endlich zu erklären, daß Gott es nicht verdient zu sehen.“ (388)

Schließlich, ebenso plötzlich, wie sie einst gekommen war, verschwindet die Blindheit wieder bei allen. Die am Fenster stehende Frau des Arztes „hob ... den Kopf zum Himmel und sah alles weiß, Jetzt bin ich dran, dachte sie. Die plötzliche Angst ließ sie den Blick senken. Die Stadt dort unten war immer noch da.“ (399)

Dieser Roman schildert, auf welche Weise eine Gesellschaft infolge einer Epidemie immer mehr verroht. Eine Hoffnung auf Heilung ist im wahrsten Wortsinn nicht in Sicht. Resignation führt in die Hoffnungslosigkeit. Sinn gibt allein noch die Befriedigung unmittelbarer Lebensbedürfnisse. Geschriebene Gesetze gelten ebenso wenig nicht mehr wie ungeschriebene Verhaltensnormen. Es beginnt ein Kampf aller gegen alle, das Recht beziehungsweise das Unrecht der Stärkeren setzt sich durch. Einen ethischen Konflikt scheint es nicht (mehr) zu geben. Wenn es einen Konflikt zwischen Sittlichkeit und Sinnlosigkeit gegeben hat, dann ist die Sittlichkeit angesichts ihrer scheinbaren Nutzlosigkeit längst vergessen. Das Extrem einer allgemeinen Blindheit zeigt, wie dünn doch die Firnisschicht der Sittlichkeit ist, so dünn jedenfalls, dass sie diesen Härtetest nicht besteht.

Und Gott? Von Gott wird nichts erwartet, weder ethische Orientierung noch irgendeine Form von Eingreifen. Das verwundert bei dem – wenn man so will – bekennenden Atheisten Saramago nicht. Man tut ihm kaum Unrecht, wenn man ihn als Antitheisten bezeichnet, weil er auch andernorts heftig anschreibt gegen Gott. Das Machtstreben der Kirche auch mittels der Inquisition etwa ist für ihn kein Irrweg, sondern dessen von Gott gewolltes Ziel. Sein wohl schwächstes Buch „Das Evangelium von Jesus Christus“ endet damit, dass Gott dem am Kreuz Sterbenden erscheint. Jesus erkennt, dass er von Gott „hinter das Licht geführt worden war, ... und in den offenen Himmel auf, wo Gott lächelte, schrie er: Menschen, vergebt ihm, denn er weiß nicht, was er getan hat.“[43] Hier sieht Gott noch. In der „Stadt der Blinden“ ist es gleichgültig, ob es Gott gibt oder nicht, denn er kann hinter dem Blindweißen des Himmels sowieso nichts sehen.

Nun kann man zu dem Ergebnis kommen, dass die Verrohung und Verwüstung von Sittlichkeit gerade in der Blindheit und somit in der Abwesenheit Gottes ihre eigentliche Ursache hat. Dann hätte jener Mönch recht, den Dostojewski sagen lässt: „Wenn es für dich keinen Gott gibt, was ist dann überhaupt noch Verbrechen?“[44] Das ist ein nur auf den ersten Blick für Christen bestechender Gedanke, der aber bei näherer Betrachtung seinen Glanz verliert. Der Zweck Gottes, sofern man diese Formulierung überhaupt gebrauchen will, besteht doch nicht darin, Übeltaten gleich welcher Art zu verhindern. Zudem sind wohl in den meisten Religionen schlimmste Übeltaten im Namen Gottes oder unter Berufung auf seinen Willen begangen worden, siehe das Beispiel Arras. Niemand wird leugnen, dass auch religiös neutrale oder atheistische Regierungen gute Gesetze erlassen zur Verhinderung oder Bestrafung von Übeltaten. Und es gibt viele Einzelne, die ohne religiöse Bindung sich aktiv einsetzen, etwa für die Trias *Frieden, Gerechtigkeit und Bewahrung der Schöpfung*.

Gleichwohl hat dieses aphoristische Wort im Widerspruch einen versteckten Wahrheitsgehalt. Wenn es nämlich keinen

Gott gibt, dann müssen Menschen, soll denn ihr Zusammenleben gelingen, eigene Regeln und Gebote schaffen und setzen, nun allerdings mit einer rein innerweltlichen Begründung. Gerade eine atheistische Einstellung verlangt nach einer rein immanenten Setzung von Werten, also nach Sittlichkeit. Camus bleibt ja nicht bei der Einsicht stehen, dass die Welt und das Leben in ihr absurd sind, sondern sucht nach einer Orientierung, wie man in der Absurdität menschlich handeln kann. Ähnlich hat Jean Paul Sartre nach einer vergleichbaren Zerfallserfahrung überkommener Werte geschlussfolgert, nun erst habe der Mensch sowohl die Freiheit als auch die Pflicht, eine humanistische Haltung zu entwickeln[45]. Das sich hier wie auch ähnlich bei Camus zeigende Pathos ist zeitgeschichtlich verständlich. Die vermeintlich neuen Werte unterscheiden sich allerdings kaum von den traditionellen humanistischen. Im Falle Sartres ist zudem zu bezweifeln, ob seine Sympathie für gewisse diktatorische Regime humanistisch genannt werden darf.

In ähnlicher Weise vertritt auch dieser skeptische Roman Saramagos mit seiner nur auf den ersten Blick rein pessimistischen Parabel eine lebensdienliche Ethik. Die hier geforderte Sittlichkeit trägt den Namen Solidarität. Die kleine Gruppe um den Augenarzt und seine Frau überlebt nur deshalb, weil sie untereinander unbedingt solidarisch ist, weil sie alles miteinander teilt, blind einander vertraut. Sie hat den Vorteil, von einer Sehenden geleitet zu werden, aber gerade diese verzichtet auf mögliche eigene Vorteile und stellt sich ganz in den Dienst der Unterstützung Schwächerer. – Epidemien können sehr wohl Sittlichkeit weitgehend zerstören, gegen gelebte Solidarität aber können sie nichts ausrichten. Das ist die positive Pointe dieses Romans.

12. Steward O'Nan: Das Glück der anderen (1999)

In den Büchern des Amerikaners Steward O'Nan geht es häufig darum, auf welche Weise Einzelne mit dem Verlust ihrer Hoffnungen oder geliebter Menschen umgehen. Davon handelt auch sein Roman „Das Glück der anderen"[46], der in den 1890er Jahren in Wisconsin spielt.

Auf einer Wiese wird ein unbekannter Toter gefunden, bald darauf auf einem Stoppelfeld eine verwirrte und kranke Frau. Jacob Hansen bringt beide zum Arzt. Der Arzt vermutet Diphterie. Jacobs Frau möchte, dass die junge Familie mit ihrem Säugling den Ort verlässt, doch er will sich nicht seiner Verantwortung entziehen. Hansen nämlich ist dreierlei in einer Person: Sheriff, Bestatter und Prediger. Und gefordert ist er allemal, denn immer häufiger läutet die Totenglocke, immer mehr Menschen sterben. Auf eine Quarantäne der Stadt wird zunächst verzichtet, weil man keine Panik auslösen möchte; später wird sie dann doch verhängt. Dann sterben auch Jacobs Tochter, seine Frau und schließlich der Arzt. Als zusätzliches Übel breitet sich ein Waldbrand aus. Und Feuer gibt es auch immer wieder in der Stadt, denn man entschließt sich, die Häuser von an der Diphterie Verstorbenen anzuzünden. Die Unruhe wächst, es kommt zu Plünderungen. Als er keinen anderen Ausweg mehr sieht, beschließt Jacob, die wenigen Gesunden in einem Güterzug, den er auf offener Strecke zum Halten zwingt, aus der Stadt zu bringen. Der Waldbrand versperrt bald darauf dessen Weg, und alle kommen in den Flammen um.

Viel ist von Jacob als Sheriff zu lesen und als Bestatter, kaum etwas als Prediger. Und doch ist sein Glaube das verborgene Zentrum seines Handelns. Seine nächste Predigt will er über

Genesis 4,9 halten: „Soll ich meines Bruders Hüter sein?“ Ja, das will er sein für seine Stadt, ein Hüter und Hirte und somit ein Pastor. Als guter Mensch wird er geschildert mit der Bereitschaft, „alle Seiten zu hören, alle zu mögen“ (12). Und er glaubt nicht mehr an das Böse. Angesichts der Diphterie wird ihm deutlich: Wir werden Gottes Willen immer in Frage stellen. „Wir werden für unser Leid immer einen Grund brauchen.“ (92) Sein Leid über den Verlust seiner Familie wird noch vergrößert, als ihm plötzlich klar wird, dass er selbst es ist, der sich bei den ersten beiden Diphterietoten angesteckt und der dann die Seuche in der Stadt verbreitet hat. Er wollte das Leben der Bewohner schützen und hat doch zu ihrem Sterben beigetragen. „Dir ist klar, ... dass du der Verdammnis anheimgefallen bist, obwohl du dich um sie gekümmert hast.“ (207)

Jacob ist sich selber fremd geworden. Als Erzähler sagt er niemals ich, sondern immer du. Das mag zugleich aber auch ein Stilmittel sein, das die Leserinnen und Leser zu einer gedanklichen Identifizierung mit dem Erzähler einlädt; wer sich darauf einlässt, wird sich der Frage stellen müssen, wie das je eigene Verhalten in den geschilderten dramatischen Situationen wohl ausgesehen hätte.

In seiner Stadt Friendship hieß es, Jacob sei ein anderer geworden, als er aus dem Bürgerkrieg zurückkam. Ganz am Ende des Romans wird deutlich, dass das Bemühen Jacobs, als guter Mensch zu leben, einen finsteren Hintergrund hat. Im Krieg hat er hungernd heimlich ein Tabu gebrochen und schreckliche Schuld auf sich geladen. Sein neues Leben war von da an ein Gott gegebenes Sühneversprechen. Jetzt erkennt er den Grund für sein Leid: „Die ganze Vorstellung von Buße ist selbstsüchtig, irregeleitet. Gott lässt nicht mit sich handeln, lässt sich nicht durch fromme Handlungen bestechen.“ Er sieht nun, „dass du … mit guten Taten niemanden retten kannst, am allerwenigsten dich selbst.“ (220)

Die hier vorgestellte Sittlichkeit ist eine gebrochene Sittlichkeit. Der Entschluss, nicht vor der Seuche zu fliehen, ist Ausdruck von Berufsethik: Es gebührt sich für einen Vertreter staatlicher Ordnung ebenso wenig wie für einen kirchlichen Amtsträger, berufsbedingten Gefahren einfach aus dem Wege zu gehen. Gebrochen ist diese Sittlichkeit als Berufsethik deshalb, weil ihr eigentlicher Grund eben nicht im beruflichen Auftrag gesehen wird, sondern in einem verborgenen Bußversprechen. Das ist ja an sich nicht schlecht. Problematisch allerdings ist, dass es dieser Sittlichkeit eigentlich nicht um das Wohl anderer Menschen geht, sondern in erster Linie um das eigene Seelenheil. Doch wer wollte Jacob dafür verurteilen! Hinter manchen Gründen ethischer Entscheidung stehen verborgene und vielleicht unbewusste Abgründe. Eine gebrochene Sittlichkeit ist keine zerbrochene Sittlichkeit. Jacob bleibt die Hoffnung: „Trotz alledem kannst du gerettet werden. … Es hängt nicht von dir ab. Es ist stets Gottes Entscheidung gewesen.“ (220)

13. Cormac McCarthy: Die Straße (2006)

Gehört der Roman „Die Straße“[47] überhaupt in diese Reihe belletristischer Arbeiten, die eine Epidemie thematisieren? Eindeutig zu beantworten, ist diese Frage nicht, denn es bleibt unklar, was überhaupt zu der postapokalyptischen Situation geführt hat, in welcher der Roman spielt. Fest steht lediglich, dass es sich dabei um eine in diesem Ausmaß bisher unbekannte Katastrophe gehandelt hat, welche das Leben zumindest auf einem nicht näher bestimmten riesigen Land weitgehend ausgelöscht hat. Dabei ist es für die wenigen Überlebenden letztendlich gleichgültig, ob es sich dabei um ein natürliches, etwa durch eine Epidemie verursachtes Ereignis handelt oder ob Menschen unmittelbar dafür verantwortlich sind. Zurückgeblickt wird in diesem Roman nur zweimal, und das ausschließlich auf der Ebene familiären Erlebens, ansonsten handelt er vornehmlich von der Gegenwart, denn eine lebenswerte Zukunft scheint es nicht zu geben.

Ein Vater und sein höchstens zehn Jahre alter Sohn, „der Mann“ und „der Junge“, stehen im Mittelpunkt; ihre Namen werden nicht genannt. Lange Zeit schon ziehen sie mit Rucksäcken und einem Einkaufswagen durch lebensfeindliche Landschaften, „öde, stumm, gottverlassen“ (8). Wohin sie auch kommen, es ist immer das Gleiche: „wüstes Land.“ (19) Dazu „Dunkelheit und Kälte“ (21), es geht auf den Winter zu, und wohl seit Jahren schon bedecken Wolken den Himmel. „Wohin gehen wir? – Wir gehen nach Süden. – Okay.“ (56; anstelle der Bindestriche beginnt im Buch jeweils eine neue Zeile.) Bis auf einen abgemagerten Hund keine Tiere, und auch pflanzliches Leben gibt es kaum noch. Nur „die allumfassende Ödnis, ödematisch und von kalter Profanität. Die Stille.“ (242)

Und kaum noch Menschen. Anfangs waren es noch mehr, „glaubenslose, leere Hüllen von Menschen, die die Straße entlangwankten“ (29). Die meisten starben oder wurden getötet. Manche Überlebende haben sich zu kleinen Gruppen zusammengeschlossen, zu Straßenräubern und Marodeuren. Als einer von ihnen den Jungen bedroht, erschießt der Vater ihn. Manche nämlich schrecken nicht davor zurück, in ihrem Hunger Menschen zu schlachten und zu essen. Und so sehen Vater und Sohn in verlassenen Höfen oder in Ruinenstädten Tote, Verbrannte und Ermordete. Manche halten das nicht aus. Die Frau des Mannes kam sich vor wie „die wandelnden Toten in einem Horrorfilm“ (52), weshalb sie ihrem Leben selbst ein Ende gesetzt hat.

Nun also sind der Mann und der Junge allein. Ständig – wochen- und monatelang – sind sie auf der Suche nach einem sicheren Schlafplatz und vor allem nach Nahrungsmitteln, hin und wieder entdecken sie welche in verlassenen Häusern. Sie gehen anderen misstrauisch aus dem Weg. Es könnte ja sein, dass diese „die Bösen“ sind. „Wir sind immer noch die Guten.“ (71) Vermutlich gibt es auch weitere Gute: „Es gibt noch andere Gute. Das hast du selbst gesagt. – Ja. – Und wo sind sie? – Sie verstecken sich. – Vor wem? – Voreinander. – Gibt es noch viele von ihnen? – Das wissen wir nicht.“ (164) Sie begegnen einem alten Mann. Auf Bitten des Jungen gibt sein Vater ihm etwas vom Essen ab, will aber nicht, dass er sich ihnen anschließt. Später erleben sie, dass ein Dieb ihnen ihr weniges Hab und Gut stiehlt.

„Ungezählt und unverzeichnet schleppten sich die Tage dahin. ... Die Nächte totenstill und totschwarz. So kalt.“ (241) Als der Vater und der Junge sich einem anscheinend verlassenen Haus nähern, schießt ein Mann aus einem Fenster einen Pfeil ins Bein des Vaters. An der sich entzündenden Wunde und an einem alten Lungenleiden stirbt der Vater. Drei Tage trauert der Junge neben ihm. Dann kommt „ein Veteran alter Scharmützel" vorbei. Als der vom Tod des Vaters hört, schlägt er vor: „Ich denke, du solltest mitkommen. – Bist du einer von den Guten?" Der Fremde „blickte zum Himmel auf. Als ob es da etwas zu sehen gäbe. Er sah den Jungen an. Ja, sagte er. Ich bin einer von den Guten." (249)

Der Roman ist in einer schnörkellosen Sprache geschrieben, kurze Sätze, kaum Adjektive. Die wenigen Dialoge sind ausgesprochen knapp, kaum länger als ein Satz, oft nur ein einzelnes Wort. So entsteht ein archaischer Erzähleindruck. Das Düstere und Abgründige allerdings wird abgemildert durch das Vertrauen und die spröde Zärtlichkeit zwischen Vater und Sohn, ein eigenartiger Kontrast zur lebensfeindlichen Umwelt.

Eine archaische Erzählung ist die biblische Geschichte in Genesis 22,1-19 von der Versuchung Abrahams, seinen Sohn Isaak zu opfern. Der jüdische Romanist und Literaturwissenschaftler Erich Auerbach hat an ihrem Beispiel die Besonderheiten althebräischer Erzählweisen herausgearbeitet[48], und es ist verblüffend, wie sehr diese auch auf „Die Straße" zutreffen:

„Es wird nur dasjenige an den Erscheinungen herausgearbeitet, was für das Ziel der Handlung wichtig ist, der Rest bleibt im Dunkel; die entscheidenden Höhepunkte der Handlung werden allein betont, das Dazwischenliegende ist wesenlos; Ort und Zeit sind unbestimmt und deutungsbedürftig; die Gedanken und Gefühle bleiben unausgesprochen, sie werden nur aus dem Schweigen und fragmentarischen Reden suggeriert; das

Ganze, in höchster ununterbrochener Spannung auf ein Ziel gerichtet, und insofern viel einheitlicher, bleibt rätselvoll und hintergründig."

Das dürfte kein Zufall sein, denn McCarthy ist mit der biblischen Tradition vertraut; davon zeugen beachtliche zwar indirekte, aber doch eindeutige Anspielungen. Die immer wieder geschilderte Ödnis spielt offenkundig an auf Genesis 1,2: „Und die Erde war wüst und leer, und es war finster auf der Tiefe." Die Menschen sind vertrieben aus dem bisherigen Leben, das im Vergleich mit dem jetzigen, wie ein Paradies vorkommen muss. Der Junge erinnert sich einmal an einen Herbsttag, den er zusammen mit seinem Onkel im Ruderboot auf einem See zugebracht hat. „Das war der vollkommene Tag seiner Kindheit. Der Tag, dem es nachzueifern galt." (16)

Nun also sind der Mann und der Junge auf der Suche nach einem neuen Paradies, nach einem gelobten Land. Es ist ein Weg durch die Wüste, monatelang und jahrelang, durchaus an die Wüstenwanderung des Volkes Israel erinnernd. Der sterbende Vater in seiner längsten Rede zu seinem Sohn: „Du musst weitergehen", sagte er. „Ich kann nicht mitkommen. Du musst immer weitergehen. Du weißt nicht, was es weiter die Straße entlang geben könnte. Wir haben immer Glück gehabt. Du wirst wieder Glück haben. Du wirst es sehen." (245) Wie Mose hat der Mann den Jungen durch die Wüste geleitet, doch das gelobte Land, wenn es denn das noch gibt, wird auch er nicht mehr betreten.

Von Glück spricht der Vater, denn es gibt keinen Gott, der den Weg weist. „Auf dieser Straße gibt es keine Männer, aus denen Gott spricht. Sie sind fort, ich bin allein, und sie haben die Welt mit sich genommen.“ (32) Gott ist bestenfalls Erinnerung, fern und nichtssagend. Als er seine zum Suizid entschlossene Frau nicht zum Weiterleben überzeugen kann, nennt der Mann als letztes Argument: „Um der Liebe Christi willen, Frau.“ Doch die ist für die Frau bedeutungslos: „Was mich angeht, hoffe ich nur auf das ewige Nichts, und das von ganzem Herzen.“ (54) Ähnlich der alte Mann, dem sie etwas zum Essen geben: „Es gibt keinen Gott, und wir sind seine Propheten.“ (151) Nicht umsonst verhindern unentwegt dichte Wolken einen Blick in den offenen Himmel.

Daneben aber und bedeutsamer, allerdings fast verborgen, nennt der Mann einmal dem Jungen seinen Beweggrund für sein sorgendes Handeln: „Meine Aufgabe ist es, auf dich aufzupassen. Damit hat mich Gott beauftragt.“ (71) Die Erziehung des Sohnes durch den Vater auf der Straße in wüstem Land besteht kaum aus Worten, sondern geschieht durch sein Vorbild. In einer anarchischen Welt will er gerade nicht rücksichtslos eigenen Vorteil auf Kosten anderer durchsetzen; er will anderen nicht schaden und möglicherweise zur Gewalt in Auseinandersetzung mit einer der rücksichtslos räuberischen Gruppen gezwungen werden. Deshalb meidet er andere Menschen, sieht sich allerdings doch gezwungen, zur Verteidigung seines Sohnes zu töten und zur Selbstverteidigung zu schießen. Der Mann will also für sich moralisch integer leben und somit den Jungen zu einem eben solchen Leben anleiten. Der Mann will für sich und seinen Jungen in bösesten Zeiten ein möglichst gutes Leben, indem er das Gute lebt.

Das gute Sein des Mannes lässt sich allerdings kaum als Nächstenliebe beschreiben, wenn Nächstenliebe mehr beinhaltet als die Liebe zu dem Jungen, der sein unmittelbar Nächster ist. Er ist nämlich nicht von sich aus bereit, einem hungernden alten Mann etwas von seinen Lebensmitteln abzugeben; er tut das erst, als der Junge ihn ausdrücklich dazu auffordert. Die beiden Männer rätseln, warum er das wohl getan hat. Der Alte vermutet: „Vielleicht glaubt er an Gott. – Ich weiß nicht, woran der glaubt.“ (155)

Dieses nicht näher beschriebene gute Sein ist das Feuer, das den Mann in einer kalten lebensfeindlichen Welt innerlich wärmt und ihm Lebenskraft gibt. Sterbend zum Jungen: „Du musst das Feuer bewahren. – Ich weiß nicht, wie. – Doch, das weißt du. – Ist es echt? Das Feuer? – Ja, es ist echt. – Wo ist es? Ich weiß nicht, wo es ist. – Doch, das weißt du. Es ist in dir. Es war immer da. Ich kann es sehen.“ Der Junge erinnert den Mann daran, dass er ihn niemals verlassen wollte. Der tröstet ihn: „Wenn ich nicht mehr da bin, kannst du immer noch mit mir reden. Du kannst mit mir reden, und ich werde mit dir reden.“ (246) Ist es überinterpretiert, hierin eine säkulare Parallele zur Abschiedsrede Jesu aus Johannes 14,15-26 zu sehen? Diese Vermutung wird jedenfalls gestützt durch die letzte Szene des Romans.

Am Ende wird der Junge von Guten, vom Veteranen und seiner Frau, aufgenommen. „Manchmal sprach sie mit ihm über Gott. Er versuchte mit Gott zu reden, aber am besten war es, mit seinem Vater zu reden, und er redete tatsächlich mit ihm und vergaß nichts. Die Frau sagte, das sei schon in Ordnung. Der Atem Gottes, sagte sie, sei sein Atem und werde doch durch alle Zeiten von Mensch zu Mensch weitergegeben.“ (252f)

Die Sittlichkeit des Vaters ist Ausdruck eines vage erinnerten christlichen Liebesgebotes. Man mag sie säkularisierte Christlichkeit nennen. Diese erhält allerdings durch die Erläuterung der Frau eine überraschende Pointe. Demnach ist die Sittlichkeit der Guten ein den meisten in seiner Ursache verborgenes Wirken von Gottes Geist. Die hier vom Mann und dem Jungen sowie vom Veteranen und seiner Frau gelebte Sittlichkeit ist pneumatologisch begründete und ermöglichte Sittlichkeit.

Dieser postapokalyptische dystopische Roman zeigt gewisse Parallelen zu Mary W. Shelleys „Der letzte Mensch“. Beide Romane spielen in Zeiten, in denen es keine gesellschaftlichen und politischen Ordnungen mehr gibt. Das einzige Gesetz ist das des Stärkeren. Niemand muss sich für sein Tun oder Lassen vor anderen rechtfertigen. Bei beiden gibt es marodierende und rivalisierende Gruppen, und bei beiden gibt es nur wenige Menschen, die trotz allem ihre Sittlichkeit bewahren wollen. Diese machen sich auf den Weg und auf die Suche nach günstigeren Lebensbedingungen, nach einem gelobten Land, das bei beiden im Süden liegt. Bei Shelley wandern die Menschen immerhin durch liebliche, blühende Landschaften und genießen für einige Zeit ein nahezu paradiesisches Leben, auch wenn zuletzt lediglich ein einzelner Mensch übrigbleibt. Bei McCarthy hingegen findet sich nur noch zerstörte Natur – kalt, finster und lebensfeindlich, fast einer Vorhölle vergleichbar.

Bei Shelley bietet das fiktive gefundene Manuskript einen seherischen und spekulativen Blick in eine ferne Zukunft und ist insofern irreal. McCarthys Erzählung hingegen ist literarisch als Gegenwart gestaltet und gibt sich insofern real; sie ist insgesamt wuchtiger und eindrücklicher, theologisch durchaus tiefgründig und klingt länger nach. In all ihrer Düsternis ist sie zugleich anrührend. Und sie bietet mit einer theologisch begründeten Hoffnung die Möglichkeit eines Neuanfangs.

14. Philip Roth: Nemesis (2010)

Philip Roth gehört zu jenen bedeutenden Autoren der USA, die (wie beispielsweise Issac Bashevis Singer) oder deren Elterngeneration (wie etwa bei Bernard Malamud) zumeist aus dem osteuropäischen Judentum stammen und deren Werke direkt oder indirekt durch die jüdische religiöse und kulturelle Tradition geprägt sind. Dies gilt auch für sein Alterswerk „Nemesis“[49].

Die Geschichte beginnt in Weequahic, dem jüdischen Viertel von Newark; in ihm wächst auch Roth auf. Ihr tragischer Held heißt Bucky Cantor. Er ist vor allem vielseitig sportlich begabt, trotzdem kann er wegen einer starken Kurzsichtigkeit zu seiner Enttäuschung nicht zum Militär. Deshalb will er seiner patriotischen Verpflichtung als Sportlehrer nachkommen, indem er seinen jüdischen Schülern „körperliche Stärke und Tapferkeit“ (27) beibringt. Wie seinerzeit alljährlich werden im Sommer 1944 wieder einige Poliofälle gemeldet, diesmal vor allem aus dem italienischen Stadtviertel, aber auch deren höhere Zahl als üblich wird zunächst als nicht besorgniserregend angesehen. Als beste Vorsorgemaßnahme gilt, Kinder in ein Sommercamp aufs Land oder in die Berge zu schicken. (Ein erster Polio-Impfstoff wird erst ab 1955 verfügbar sein.)

Da erkrankt auch einer von Cantors Schülern. Schuldige dafür werden rasch ausgemacht: „Es waren diese verdammten Itaker“ (50). Der Schüler stirbt. Beim Kondolenzbesuch stellt dessen Vater eine Reihe verzweifelter Fragen: Warum dieser frühe Tod, ist das gerecht, welchen Sinn hat er? „Mr. Cantor wusste keine Antwort auf diese Frage. Er zuckte nur die Schultern.“ (42) Bei der Trauerfeier betet die Gemeinde mit dem Rabbi die

Totenklage, in der auch Gottes Allmacht gepriesen wird. Cantor protestiert innerlich: „Polio überhaupt entstehen lassen? Wie konnte es angesichts von derart wahnsinniger Grausamkeit Vergebung – geschweige denn Hallelujahs – geben?“ Er ist nicht willens, „die offizielle Lüge zu schlucken, Gott sei Liebe und Güte, und vor einem kaltblütigen Kindermörder im Staub zu kriechen.“ (63) Cantor fragt sich: „Hat Gott kein Gewissen? Wo ist Seine Verantwortung? Oder kennt Er keine Grenzen?“ (85)

Marcia, eine Lehrerin und Cantors Geliebte, arbeitet als Begleitung in einer der Sommercamps. Als dort ein Bademeister ausfällt, bedrängt sie Cantor, ins Camp zu kommen, schließlich müsse er auch an sein eigenes Wohlergehen denken. Cantor zögert: Wenn er von hier fortginge, „würde er auf eine Weise vor seiner Pflicht davonlaufen, wie sie schändlicher kaum vorstellbar war.“ (75) Kurze Zeit später, nachdem er Marcia am Telefon einen Heiratsantrag gemacht hat, stimmt er zu seinem eigenen Erstaunen doch zu, „und für einen Augenblick gelang es ihm, den Verrat an seinem Engagement und seiner Verantwortung für die Jungen beinahe zu vergessen“ (108).

Im Sommercamp wird Cantor rasch beliebt. Der siebzehnjährige Donald, einer der jugendlichen Betreuer, möchte mit seiner Hilfe seine Technik im Turmspringen verbessern, wozu Cantor bereit ist. Sechs Tage darauf erkrankt Donald; als er mit Polio-Anzeichen in eine Klinik muss, wird zur Beruhigung der Kinder und ihrer Eltern von einer Magenerkrankung gesprochen. Die Lagerleitung will den Betrieb weiterführen, weshalb sie Cantor ermahnt, niemandem etwas zu erzählen. Bald darauf jedoch erkranken weitere Kinder an Polio. Nun wird das Lager geschlossen.

1971 trifft einer seiner ehemaligen Schüler zufällig auf Cantor. In weiteren Begegnungen berichtet dieser von seinem Schicksal. Auch er, Cantor, wird vom Poliovirus befallen. Fast zwei Jahre verbringt er in einer Klinik mit mehreren Operationen und in einem Rehabilitationszentrum. Trotzdem kommt er, nicht nur im eigentlichen Wortsinn, nie mehr richtig auf die Beine, „verkrüppelt durch Polio“ (187). Seinen Beruf kann er nicht mehr ausüben, arbeitet schließlich bei der Post. Er lässt nicht zu, dass Marcia ihn besucht, trennt sich von ihr: „Ich wollte ihr Leben nicht zerstören. Sie hatte sich nicht in einen Krüppel verliebt, und sie sollte nicht an einen gekettet sein.“ (199)

Cantor umgibt „die Aura einer unauslöschlichen Niederlage, ... auch demoralisiert durch jahrelange Scham“ (192). Er ist sich nämlich sicher, dass er es ist, der sowohl auf dem heimischen Sportplatz als auch im Camp das Virus übertragen hat. Das Virus ist für ihn „nicht wie ein böser Streich der Natur, sondern wie ein großes, von ihm selbst verübtes Verbrechen, das ihm alles genommen und sein Leben zerstört hat.“ (214)

Eine Besonderheit dieses Romans besteht darin, dass in ihm die Frage nach Gottes Verantwortung für die Polioepidemie durchgehend thematisiert wird. Die Frage nach der Sittlichkeit erhält hier eine neue, sehr scharfe Akzentuierung. Es ist nämlich Gott selbst, der unsittlich handelt. Cantor bestreitet nicht Gottes Sein, sondern sein Gut-Sein. Es ist nämlich Gott, der für die geschehenen schrecklichen Dinge verantwortlich ist: „Wenn Gott nicht wäre, wenn Gott nicht so wäre, wie er war, *könnten* sie anders sein.“ (101)

Eigenartigerweise fühlt Cantor sich durch Gottes Unsittlichkeit nicht von der eigenen sittlichen Verantwortung suspendiert.

Gott muss seine Unsittlichkeit mit sich selbst ausmachen. Da Gott für Cantor aber nun keine sittliche Instanz mehr ist, muss auch er nun seine Sittlichkeit mit sich selbst ausmachen. Er kann sich nicht verzeihen, dass er an sich gedacht hat, als er Marcias Ruf ins Sommercamp gefolgt ist.

Der Konflikt zwischen Sittlichkeit und Sinnlichkeit ist hier ethisch harmloser geartet, als er sich in der Gestalt des Gustav von Aschenbach in Thomas Manns „Der Tod in Venedig“ zeigt – handelt dieser doch schon allein dadurch unsittlich, dass er einem Kind erotisch zu gefallen sucht, und dies ganz abgesehen davon, dass zu seiner Zeit eine homosexuelle Beziehung ein Tabu war. Cantor wirft sich auch nicht sein sinnliches Begehren, das er im Gegensatz zu Aschenbach auslebt, vor, sondern dass er „seine männlichen Ideale ... des Mutes und der Opferbereitschaft“ (108) verraten hat. Dafür hat Cantor nach eigenem Verständnis eine Strafe verdient. Seine Polio-Verkrüppelung allein reicht ihm offenbar nicht, weshalb er versucht, durch Trennung von seiner Verlobten seine sittliche Integrität wenigstens teilweise wiederherzustellen. Aber auch dadurch wird er seine Schuldgefühle nicht los.

Nemesis, die für den Roman als Titel gewählte griechische Göttin, ist sowohl Göttin des gerechten Zorns und der ausgleichenden Gerechtigkeit als auch Rachegöttin. Diese drei ihr innewohnenden Eigenschaften lassen sich in Cantors Versuch, mit seinen Schuldgefühlen umzugehen, wiedererkennen. Da Cantor aber weder vom Gott seiner oder einer anderen Religion Hilfe oder Vergebung erwartet, nimmt er sein Schicksal selbst in die Hand. In „Nemesis“ geht es um den Konflikt zwischen Sittlichkeit und Sinnlosigkeit sowie um Sittlichkeit durch Selbstbestrafung.

15. Makiia Lucier: Das Fieber (2014)

Es überrascht, dass die auch als „Mutter aller Pandemien" bezeichnete Spanische Grippe im deutschen Sprachraum anscheinend literarisch nicht aufgegriffen wurde. Dabei sind allein im Deutschen Reich etwa 300.000 Menschen an ihr gestorben, weltweit sind von 1918 bis 1920 sogar zwischen 27 und 50 Millionen Tote zu beklagen; manche Quellen nennen wesentlich höhere Zahlen. Auf jeden Fall übersteigt das die Zahl von schätzungsweise 10 Millionen Kriegstoten unter den Soldaten und 7 Millionen unter der Zivilbevölkerung erheblich. Vermutlich haben die Gräuel des 1. Weltkriegs, zu welchem es ja eine Fülle literarischer Bearbeitungen gibt, im allgemeinen Bewusstsein jene Grauen der nicht unmittelbar durch den Krieg bedingten Sterbefälle dauerhaft überlagert[50]. In den auf eigenem Staatsgebiet nicht unmittelbar vom Krieg betroffenen USA hingegen wird mehr der Grippetoten als der Kriegstoten jener Zeit gedacht. Von daher ist es kein Zufall, dass die einzige dem Verfasser bekannte literarische Erinnerung von der zwar auf Guam geborenen, jetzt jedoch in den USA lebenden Autorin Makiia Lucier stammt, nämlich ihr Jugendroman „Das Fieber"[51].

Die Geschichte spielt im Oktober und November 1918 in Portland. Ihre Heldin ist die 17-jährige Cleo. Als Vollwaise lebt sie bei ihrem älteren Bruder. Kurz vor Beendigung ihrer Schulzeit weiß sie nicht, welchen Beruf sie erlernen soll. Sie vertieft sich in ein Buch über berühmte amerikanische Frauen, ohne eine überzeugende Anregung zu erhalten. „Ich hatte nichts. Keinen Plan. Keinen Traum. Keine Berufung." (15) Sie hört, dass weit entfernt im Osten der USA Fälle der Spanischen Grippe aufgetreten sind. In ihrem Internat, das sie als Externe besucht, wird sie bald darauf von der Mitteilung überrascht, dass das Gesundheitsamt als Vorsichtsmaßnahme alle Schulen schließt; auch öffentliche Veranstaltungen sind verboten, kein Theater mehr, keine Paraden, keine Gottesdienste. Die Kinder müssen von ihren Eltern abgeholt werden, keines darf allein nach Hause. Eigentlich müsste sie nun im Internat bleiben, da ihr Bruder auf einer längeren Reise unterwegs ist, doch unerlaubt verlässt Cleo die Schule.

In einem Zeitungsbericht liest sie von der dringenden Suche des Roten Kreuzes nach Personal, auch unerfahrene Hilfskräfte würden benötigt. Das örtliche Konzerthaus ist in ein Hilfskrankenhaus verwandelt. Hier meldet sich Cleo, wird zunächst wegen ihres jugendlichen Alters abgelehnt, dann doch genommen: „Wir können es uns nicht leisten, Hilfe abzulehnen.“ (78) Cleos Aufgabe ist es, in der Stadt vorbeugend Informationsmaterial über den Umgang mit der Grippe und Gesichtsmasken zu verteilen sowie bereits Erkrankte zu melden. Unvorbereitet trifft sie auf schwer Erkrankte und Sterbende. Eine andere junge Helferin resigniert: „Ich habe nicht vor, für einen Fremden zu sterben.“ (98) Cleo jedoch hilft weiter.

Cleo verliebt sich in Edmund, der als Medizinstudent nun Arbeiten verrichten muss, die eigentlich weit über seinen Ausbildungsstand hinausgehen. Er gibt ihr zu bedenken: „Sie haben bereits mehr geholfen als die meisten anderen. Sie müssen sich nicht schämen, wenn Sie gehen. Wenn Sie versuchen, sich unter diesen Umständen so gut wie möglich zu schützen.“ (124) Doch Cleo bleibt. Sie erlebt schlimme Schicksale, findet Säuglinge, die von ihren schwer erkrankten Eltern nicht mehr versorgt werden können.

Später vertraut Cleo ihrem Freund an, warum sie helfen will. Als Kind hatte sie mit ihren Eltern einen Unfall. Abends stürzte ihre Kutsche in eine Schlucht, der Vater und die Pferde starben sofort, die Mutter im Laufe der Nacht, Cleo blieb unverletzt, allein und lange Zeit vergeblich auf Hilfe hoffend. Das hat sie geprägt: „Ich kann den Gedanken nicht ertragen, dass irgendwo ein Kind oder sonst irgendjemand liegt, krank und verängstigt, und auf Hilfe wartet, die nicht kommt." (222) Auch Edmund könnte weggehen: „Aber dann könnte ich nie wieder nach Hause zurückkehren, nicht wahr? Zumindest nicht erhobenen Hauptes." (278)

Die Grippe-Pandemie wütet weiter. Als Cleos Freundin Kate, ebenfalls Helferin, an ihr stirbt, kommen Cleo Selbstzweifel, ob ihre Arbeit überhaupt Sinn hat. Edmund erinnert sie an all jene Menschen, denen sie geholfen und teilweise mit das Leben gerettet hat: „... nur weil du beschlossen hast, durchzuhalten. Das ist keine Kleinigkeit." (312) Dann erkrankt auch Cleo, überlebt aber die schwere Krise. Endlich flaut die Epidemie ab, und im Januar besucht Clio wieder die Schule. Das Buch über die berühmten Frauen braucht sie nun nicht mehr. Vielleicht befolgt sie ja den Rat einer Krankenschwester, ebenfalls diesen Beruf zu ergreifen.

Anders als die bisher vorgestellten Bücher gibt es in diesem Roman keine Krise der Sittlichkeit, ebenso fehlen theologische Erwägungen; ein religiöser Aspekt wird nur insofern kurz gestreift, als Cleo am Grab ihrer Freundin Psalm 23 betet, „... den einzigen, an den ich mich erinnern konnte." (330). Die Sittlichkeit Cleos ist im Miterleben des Unfalltodes ihrer Eltern begründet, wie Cleo erkannt hat. Ähnlich verhält es sich auch bei Edmund; er hat im Krieg schwere Verletzungen erlitten, die aber weitgehend verheilt sind, weshalb er nun seinerseits seinem beruflichen Heilungsauftrag treu bleibt und sich den Gefahren der Epidemie entgegenstellt (218f). Insofern ist beider Sittlichkeit auch Folge eines Selbsterleidens. Um die Invektive gegen Camus ins Positive zu wenden: Cleo lebt ganz selbstverständlich eine Rotkreuzmoral. Von daher beschreibt dieser Roman Sittlichkeit als Selbstverständlichkeit.

16. John Ironmonger: Der Wal und das Ende der Welt (2015)

Der Engländer John Ironmonger ist Zoologe; das kommt seinem Roman „Der Wal oder das Ende der Welt"[52] zugute, verbindet er doch darin wissenschaftliche Szenarien des Weltuntergangs mit naturwissenschaftlichen Erkenntnissen, ergänzt durch theologische Gedanken.

In St. Piran, einem Fischerdorf an der Küste Cornwalls, wird zuerst ein Wal gesichtet und bald darauf ein nackter Mann am Strand gefunden. Der fast Ertrunkene wird gerettet. Es handelt sich um Joe Haak. Er ist Analyst in einer Londoner Investmentbank und hat ein Computerprogramm entwickelt, mit welchem die Börsenfolgen sich anbahnender Krisen errechnet werden können, so dass die Bank auf Kursverfall spekulieren kann. Als einer der Prognosen sich scheinbar nicht bewahrheitet und der Bank riesige Verluste drohen, flieht er, kommt zufällig nach St. Piran und geht dort ins Meer. Warum, das bleibt ihm unklar, ebenso die Erinnerung an sein Überleben; vermutlich hat der Wal ihn an den Strand geschwemmt.

Die Anspielung auf die biblische Jona-Erzählung ist augenscheinlich. Der biblische Jona sollte der Stadt Ninive Unheil verkünden und floh deshalb auf ein Schiff. Um dieses vor dem drohenden Untergang zu retten, ließ er sich ins Meer werfen, wurde aber durch einen Wal gerettet, woraufhin er dann doch in Ninive Gottes Strafgericht ankündigte. Auch Joe flieht, weil das durch sein Programm vorhergesagte Unheil nicht eintritt und darum seiner Bank Unheil droht. Und auch er wird sich bald gezwungen sehen, Unheil anzukündigen.

Zuvor jedoch muss erst der Wal gerettet werden, denn dieser liegt – von der Flut angespült – hilflos am Strand. Joe organisiert und koordiniert eine Hilfsaktion: „Wir erreichen gar nichts, wenn jeder etwas anderes macht. Wir müssen zusammenarbeiten." (57) Das führt zum Erfolg, und das ist zugleich so etwas wie die Überschrift für Joes Handeln in der bald ausbrechenden Krise. Diese Krise, die sich rasch zur Pandemie ausbreitet, hat einen harmlosen Namen: Grippe, allerdings derselbe Virus wie bei der Spanischen Grippe 1918, zudem verbunden mit weltweiter Ölknappheit. Anfangs tritt sie in Asien auf, dann verbreitet sie sich mit Windeseile und erreicht auch England. Tausende Menschen fallen ihr zum Opfer.

Frühzeitig ahnt Joe, welche Folgen das für das Dorf haben dürfte. Darum handelt er, zunächst allein, dann mit nur wenigen vertrauenswürdigen Bewohnern, denn er will keine Panik aufkommen lassen. Aus eigener Tasche kauft er Unmengen von haltbaren Lebensmitteln, insgesamt 3.800 Pakete, gedacht für rund dreihundert Menschen: „Nicht nur für mich. Ich will genug kaufen, um das ganze Dorf zu ernähren." (169) Er lagert die Lebensmittel im baufälligen Glockenturm der Dorfkirche, was der Pastor Alvin Hocking nur widerwillig und gegen eine hohe Miete erlaubt. Seine Abneigung gegen Joe ist nicht ohne Grund, denn die Pfarrfrau und Joe sind ineinander verliebt.

Der Pfarrer argwöhnt, Joe wolle „Apokalypse spielen" (186). „‚Meinen Sie, Gott wird uns verhungern lassen?', fragte er Joe und grinste ihn an. – Gott scheint nicht generell ein Problem damit zu haben, Leute verhungern zu lassen, dachte Joe, doch er war schlau genug, diese Spitze für sich zu behalten. Stattdessen sagte er, ‚Gott lässt uns nicht verhungern.' ... – ‚Also sind Sie ... *Sie* ... ein Gesandter Gottes?' So, wie Alvin Hocking es sagte, klang es nicht sehr wahrscheinlich. – ‚Vielleicht.' Joe drehte seine Handflächen nach oben. ‚Heißt es nicht, die Wege des Herrn sind unergründlich?' – ‚*So* unergründlich auch wieder nicht', sagte Pastor Hocking." (186; anstelle der Gedankenstriche beginnt im Buch jeweils eine neue Zeile.)

Dann taucht plötzlich Janie Coverdale im Dorf auf, Joes ehemalige Vorgesetzte und Geliebte. Sie berichtet von zahlreichen Grippetoten in der Bank, und auch sie selbst ist vom Virus befallen. Joe bringt sie im Glockenturm unter. Joe, obwohl „nicht besonders" gläubig (261), und Pastor Hocking stehen der sterbenden Frau bei, sie beten, singen Choräle und beerdigen sie nachts. Während Joe ein Grab aushebt, spricht Hocking apokalyptische biblische Texte.

Bald darauf erkrankt auch Joe am Virus. In der Quarantäne unterstützen beide Männer sich gegenseitig. Im entstehenden Vertrauen führen sie lange persönliche und auch theologische Gespräche. Ob Gott auch die Grippe geschaffen habe, fragt Joe einmal. Der Pastor antwortet: „Ich weiß es nicht. Aber ich weiß, dass die Grippe existiert, also muss sie Teil seines Planes sein." (302) Ein anderes Mal hält der Pastor dem Banker einen Spiegel vor: „Ich verehre Gott, Sie den Mammon." Joe antwortet: „‚Richtig.' Es schien unsinnig, es zu leugnen." Daraufhin der Pastor: „Wenn die Welt tatsächlich den Bach runtergeht, dann ist nicht die Religion daran schuld. Schuld sind Sie und Ihresgleichen." (355)

Joe fühlt sich ertappt. Im Grunde aber hat Joe sich durch sein Handeln in St. Piran bereits innerlich vom materialistischen Egoismus verabschiedet. Und erfreut stellt er nach Beendigung der Quarantäne fest, dass entgegen der Vermutung von Thomas Hobbes in seinem „Leviathan“ (1651) der Mensch auch in Krisenzeiten nicht zwangsläufig zum Feind seines Nächsten wird; darauf wird mehrfach in diesem Roman angespielt. Vielmehr haben die Dorfbewohner – ähnlich wie an vielen anderen Orten – den Egoismus ersetzt durch Altruismus, indem sie alle ihre Lebensmittel, ihre Milch- und Fleischerzeugnisse und ihre Fischzüge im gegenseitigen Tauschen miteinander teilen. Nicht Joe allein rettet den Ort, sondern er trägt seinen ihm möglichen Teil dazu bei.

Und dann passiert es zu Weihnachten, der Wal wird noch einmal an Land gespült, diesmal schwer verletzt und nicht mehr zu retten. Die Dorfbewohner entschließen sich, aus seinem Fleisch ein Festmahl zu bereiten, und sie laden dazu auch die hungernden Bewohner des Nachbardorfes ein. Alle werden mehr als satt, und alle können noch körbeweise etwas mitnehmen. Einer der Gäste sagt: „Das ist die Speisung der Fünftausend.“ (419)

Schließlich hat das Grippevirus ausgewütet. Das Dorf ist stolz auf Joe. Doch er will nicht in St. Piran bleiben. Allerdings kehrt er auch nicht zu seiner Bank zurück, obwohl er darum gebeten wird. Ebenso plötzlich, wie er aus dem Meer aufgetaucht ist, verschwindet er nun auf dem Meer, indem er mit einem Boot fortsegelt. Und am Schluss verrät er einen wichtigen Grund für sein Handeln. Die letzten Worte seiner sterbenden Mutter an den kleinen Joe lauteten nämlich: „Mach mich stolz.“ (454)

Die im Roman diskutierten apokalyptischen Bedrohungen sind allesamt insofern gut begründet, als sie auf der Basis recht gesicherter wissenschaftlicher Erkenntnisse die gegenwärtigen Verhältnisse fortschreiben und dabei diese auf ihre ihnen innenwohnenden katastrophalen Möglichkeiten und vielleicht sogar Wahrscheinlichkeiten hin interpretieren. Vor diesem Hintergrund wirkt der plötzliche und überaus optimistische Schluss des Romans doch ziemlich überraschend. Das Happyend verursacht hier kein Deus ex machina, sondern sozusagen eine Natura ex machina in Gestalt eines ein Festmahl ermöglichenden gestrandeten Wals – vor allem aber dadurch, dass die menschliche Natur zu einem nicht wirklich begründeten wunderbaren Altruismus an vielen Orten führt. Angesichts einer sonst – trotz manchem Humor – doch immer wieder skeptischen Einfärbung des Romans erscheint dieser allversöhnende Abschluss nur bedingt plausibel, zumal er alles in das rosa Licht der Hoffnung und des Guten taucht. Als Joe in der Schlussszene mit einem Segelschiff in See sticht, schaut er noch einmal zurück aufs Land. „Und dann versank der Hafen nach und nach im schwachen Licht der Morgendämmerung.“ (464)

Warum handelt Joe altruistisch in einer Situation, in der Egoismus näher liegt, zumal er als Banker zuvor vom wirtschaftlichen Niedergang anderer profitiert hat? Joe trifft anscheinend keine bewusste Entscheidung. Aber er macht die Erfahrung, dass andere ihm unbekannte Menschen seine Lebensretter waren. Und gemeinsam mit ihnen rettet er später den Wal. Er dürfte die Leere eines rein auf finanziellen Mehrwert ausgerichteten Lebens eher unterbewusst und schrittweise erkannt haben. Und erst allmählich wird ihm klar, dass seine Mutter auf diesen Lebensentwurf wenig stolz gewesen wäre. Deshalb bietet die durch die Grippe-Pandemie hervorgerufene Krise ihm die Möglichkeit, sein als Kind gegebenes Versprechen einzulösen. Wenn man so will, handelt es sich hierbei um Sittlichkeit aufgrund sozialorientierter Erziehung.

Unklar hingegen bleibt, was der Grund für den Altruismus von Menschen in vielen Ortschaften war. Man kann nur die Einsicht vermuten, dass lediglich organisierte Gemeinsamkeit einen Überlebenskampf aller gegen alle verhindert. Nicht umsonst wird ausdrücklich auf Mary Shelleys Roman von 1826 „Der letzte Mensch" verwiesen, der als Folge eines Pestausbruchs den Zusammenbruch von Recht und Ordnung nachzeichnet (149).

Und noch dieses: Ähnlich wie in Hermann Melvilles Roman „Moby Dick" versteht John Ironmonger den realen Wal zugleich als Metapher, in diesem Falle für die Notwenigkeit eines ökonomischen und ökologischen Umdenkens und Umhandelns. Das zeigt prägnant ein kurzer Dialog zwischen Pastor und Banker: „‚Die Welt ist ein gestrandeter Wal?' – ‚Ja. Das glaube ich tatsächlich.' – ‚Aber der Wal ist nicht gestorben …' – ‚Aber nur, weil wir da waren, um ihn zu retten.'" (306)

17. Ljudmila Ulitzkaja: Eine Seuche in der Stadt (1978/2020)

Dieser schmale Band von Ljudmila Ulitzkaja[53] beruht auf einem historisch verbürgten Ereignis im Jahre 1939. Weit entfernt von Moskau in Saratow an der Wolga forscht der Mediziner Rudolf Iwanowitsch Mayer in einem Institut für Pestforschung an der Entwicklung eines Impfstoffes. Während seiner nächtlichen Arbeit in einer Isolierkammer wird er ans Telefon gerufen. Da es der oberste sowjetische Infektiologe ist, der ihn dringend sprechen will, verlässt er den Isolierraum, wobei seine Schutzmaske ein wenig verrutscht. Obwohl Mayer erst in ein paar Wochen ein gesichertes Ergebnis liefern kann, soll er umgehend nach Moskau kommen, um dem Kollegium des Volkskommissariats für Gesundheit seinen Forschungsstand darzulegen. Sein Bericht vor diesem Kreis wird hochgelobt, doch Mayer kann sich darüber nicht freuen, er hat sich auf der langen Zugfahrt wohl erkältet, vermutet sogar eine Lungenentzündung.

In der Nacht erkrankt Mayer schwer. Der Bezirksarzt Sergej Jossifowitsch Kossel untersucht den hochfiebrigen Kollegen und knurrt: „Oje, es steht sehr schlecht, mein Lieber" (31). Mayer muss sofort ins Krankenhaus, wo ihn in der Notaufnahme der Arzt Alexander Matwejewitsch Sorin untersucht, um dann umgehend den Klinikchefarzt zu informieren: „Verdacht auf Pest. Soweit ich es beurteilen kann, Lungenpest. Pestis! ... Ich hege leider keinen Zweifel. Das klinische Bild ist klassisch." (34) Eine Isolierung des gesamten Krankenhauses wird angeordnet mit Mayer und Sorin in der höchsten Risikogruppe, zusammen mit dem Friseur Wenjamin Alexejewitsch Kotikow, der Mayer tags zuvor rasiert hatte. Alle drei sterben bald, und der Pathologe Ilja Michailowitsch Goldin bestätigt den Pestverdacht.

Angesichts dieser dramatischen Situation erhält der Volkskommissar für Gesundheit „eine Audienz bei einem *Sehr Mächtigen Mann* mit georgischem Akzent“ (42), dem er die dramatische Lage erläutert: „Wenn binnen zwei Tagen nicht sämtliche Kontaktpersonen des Infizierten isoliert werden, könnte eine Seuche ausbrechen.“ Eine Liste dieser Personen ist in Arbeit. „Der Mächtige Mann“ sagt seine Unterstützung zu: „Wir helfen. Bei den Listen und auch bei der Liquidierung.“ Letztere kann der Volkskommissar gerade noch verhindern: „Nein, nein, es geht nur um Quarantäne. Nicht um Liquidierung.“ (43)

Bald darauf werden die Kontaktpersonen aufgesucht. „Schwarze Häftlingstransporter, sogenannte Schwarze Raben ... schwärmen aus und fahren durch die nächtliche Stadt.“ (45) Jeweils acht Soldaten und zwei Männer in Schutzanzügen klingeln eine Kontaktperson nach der anderen aus dem Schlaf. In Zeiten, in denen willkürliche Verhaftungen an der Tagesordnung sind, befürchten alle das Schlimmste, denn niemand erfährt den wahren Grund der Festnahmen. Man spricht vage von einer Influenza-Epidemie und vereinbart, „dass das Wort ‚Pest‘ nicht fallen darf.“ (71) Gleichwohl sprechen manche hinter vorgehaltener Hand von einem Pest-Gerücht. Es gelingt der mit dieser Aktion beauftragten Geheimpolizei NKWD (aus der später der KGB hervorgehen wird) in kurzer Zeit, insgesamt dreiundachtzig Kontaktpersonen auszumachen und in Gewahrsam zu nehmen: „dreizehn aus dem Zug, achtunddreißig aus dem Hotel und zweiundvierzig aus dem Kollegium.“ (93) Als nach sechs Tagen bei keiner dieser Personen Symptome einer

Pest auftreten, erscheint die Gefahr einer Epidemie gebannt. Alle werden unversehrt aus der Isolation entlassen.

Als der Bezirksarzt wieder nach Hause kommt, gesteht ihm seine Frau Dina, dass sie nicht mit einer Rückkehr gerechnet habe. Sie möchte den Grund seiner Festnahme erfahren. Kossel beruhigt sie: „‚Dina, es war die Pest. Nur die Pest!‘ ... ‚Nur die Pest?‘, fragt Dina. Er nickt. ‚Und ich dachte ...‘“ (101; Punkte im Text).

Dieser Text ist kein Roman, sondern wie es im Untertitel heißt: ein „Szenario“. Ljudmila Ulitzkaja hat es bereits 1978 verfasst, um sich mit ihm für einen Drehbuchkurs zu bewerben, allerdings erfolglos; eine Chance auf Verfilmung war zudem unwahrscheinlich. Erst in Corona-Zeiten erinnerte sich die Autorin an ihr Manuskript. Aufgeschrieben ist in ihm lediglich, was filmisch umsetzbar gewesen wäre, also Orte, Wetterlagen, Wohnungen, Zugabteil, Gespräche, aber keine Gedanken der Handelnden, dafür ihre Gespräche sowie einige Regieanweisungen. Es beeindruckt, wie auf diese Weise eine Art Kino im Kopf entsteht.

In der sowjetischen Öffentlichkeit blieb der Vorfall unbekannt. Ulitzkaja als studierte Biologin und Genetikerin ist vom Fach. Die Tochter des Pathologen Goldin hat ihr den Fall erzählt und somit den Kern der Geschichte geliefert. Einzig dieser Arzt hat im Szenario seinen Namen behalten, die Namen der anderen Personen sind erfunden, ebenso das glückliche Ende. Allerdings haben alle Personen reale Vorbilder.

In ihrem Nachwort „Schlimmer als die Pest“ (107-111) sieht Ulitzkaja eine Gemeinsamkeit zwischen Grausamkeiten der Natur, wie sie sich in einer Epidemie zeigen könne, und den Grausamkeiten von Machtapparaten; es sei nötig, gegen beide entschieden anzugehen. Solche Machtapparate zeichneten sich aus durch „die Unterdrückung der Freiheiten des Einzelnen zugunsten eines angeblichen Gemeinwohls, das von den Herrschenden mitunter sehr willkürlich definiert wird." (107) Beide Grausamkeiten verschränkten sich in diesem Szenario: „Das ist das Subtile an der geschilderten Situation: die Pest zu Zeiten der politischen ‚Pest'." (108) Ulitzkajas Buch ist also auch als politische Parabel zu lesen – darin einem der Aspekte und Ziele ähnlich, die Camus mit seinem Pest-Roman erreichen wollte.

Ulitzkaja weist auf einen in der Tat irritierenden Sachverhalt hin: „Tatsächlich war es damals ausgerechnet der Geheimdienst, der seine einschlägige Erfahrung bei der Verhaftung und ‚Liquidierung' von Menschen nutzte, um binnen weniger Tage eine strenge Quarantäne zu organisieren, und so eine Epidemie verhinderte." (108) Offenbar haben autoritär regierte Staaten es einfacher, bestimmte Notmaßnahmen allgemeinverbindlich, schnell und wirkungsvoll durchzusetzen. Ähnliches zeigt sich auch bei der Corona-Bekämpfung in China. Der Preis solcher nicht demokratisch legitimierter Maßnahmen ist allerdings hoch, nämlich die Ausschaltung von Recht und Freiheit. Das widerspricht dem Selbstverständnis westlicher Demokratien. Die Corona-Pandemie macht allerdings Schwächen unseres Systems deutlich. So ist es gerade dem bundesdeutschen Föderalismus geschuldet, dass die Anti-Corona-Maßnahmen, obwohl zuvor einheitlich verabredet, in den einzelnen Bundesländern und in diesen wiederum in den einzelnen Regierungsbezirken und schließlich dann noch in einzelnen Kommunen sehr unterschiedlich interpretiert und gehandhabt werden, was nicht gerade zu ihrer Wirksamkeit und Überzeugungskraft beiträgt. Vergleichbares gilt auch für die katholischen Diözesen und die evangelischen Landeskirchen mitsamt ihren jeweiligen organisatorischen Untergliederungen.

Ethische Fragen behandelt das Buch von Ljudmila Ulitzkaja nicht. Zu erwähnen ist allerdings der Arzt Sorin, der anfangs sehr unsympathisch vorgestellt wird, sich dann aber seiner beruflichen Verpflichtung auch in der Gewissheit seines eigenen wahrscheinlichen Todes stellt und uneigennützig agiert: Sorins „Haltung hat sich plötzlich verändert, ist nun beinahe militärisch straff und aufrecht." (34) Stalin hingegen – mit seiner Bereitschaft zur Liquidation von ohne eigenes Verschulden möglicherweise infizierten Menschen – wird als skrupelloser Despot ohne sittliche Bedenken und somit als sittenlos geschildert.

Theologische Erwägungen fehlen, was aber nicht verwundert, denn dafür bietet der staatlich verordnete Atheismus keinen Raum. Der sowjetische Staat hat die russisch-orthodoxe Kirche längst weitgehend mundtot und gefügig gemacht. Das zeigt eindrücklich die letzte Szene dieses Buches. Am Tag der Quarantäne-Beendigung nämlich feiert die orthodoxe Kirche Weihnachten. Es sind lediglich alte Frauen, die aus der Kirche kommen. „Aus der weit offenen Kirchentür dringen die Worte: ‚Deine Geburt, Christe, unser Gott, ließ der Welt erstrahlen das Licht der Erkenntnis ...' Das Ganze wird übertönt von flotter, triumphaler Marschmusik." (102; Punkte im Text)

18. Friedrich Dürrenmatt: Die Virusepidemie in Südafrika (1989/2020)

Friedrich Dürrenmatts groteske Erzählung „Die Virusepidemie in Südafrika“[54] aus seinem literarischen Nachlass wurde erstmals als Vorabdruck eines geplanten Buchprojektes am Ende des ersten Corona-Jahres 2020 im Rahmen eines Jahresrückblickes in der ZEIT veröffentlicht. Entstanden ist sie, als sich das Ende der Apartheid bereits abzeichnete. Ab 1990 begann eine Übergangszeit, in welcher als Ergebnis von Verhandlungen 1994 eine Übergangsverfassung zur rechtlichen Gleichstellung aller Menschen in Südafrika vorgelegt wurde.

Der südafrikanische Regierungspräsident wacht eines Morgens mit Schnupfen und Fieber auf. Seine Frau verlässt schreiend das Ehebett, weil sie in dem neben ihr liegenden Schwarzen nicht ihren Mann erkennt, und ruft die Polizei. Der protestierende Politiker wird abgeführt und zu einem Schwarzen in eine Gefängniszelle gesteckt. Dieser verbittet sich das, weil er als die Apartheid befürwortender Justizminister nicht zusammen mit einem Schwarzen eingesperrt sein will. Dann erkennen beide sich wieder und stellen mit Entsetzen fest, dass sie schwarz geworden sind. Als auch die sie bewachenden weißen Polizisten schwarz werden, lassen sie die zwei frei: „Es war ja möglich, dass diese auch Weisse[55] waren.“ (26; ebenso die folgenden Zitate) So beginnt eine Virusepidemie, die sich rasch ausbreitet und zu chaotischen Verhältnissen führt. Polizei und Armee kämpfen gegeneinander und untereinander, weil die Weißen die jeweils Schwarzgewordenen als Feinde ansehen; das geschieht so lange, bis alle schwarz geworden sind.

„Die schwarzen Weissen wussten sich von den schwarzen Schwarzen nicht zu unterscheiden und die schwarzen Schwarzen von den schwarzen Weissen nicht.“ Doch Unterscheidung muss sein, zumal das Kabinett einstimmig beschließt, an der Apartheid festzuhalten. So kommt es denn zu einer Verordnung: „Jeder schwarze Weisse musste ein weisses Emailschild umgehängt tragen, auf dem mit schwarzen Buchstaben stand: weiss, während jeder schwarze Schwarze ein schwarzes Emailschild umzuhängen hatte, auf dem mit weissen Buchstaben stand: schwarz.“ Dagegen erhebt „die psychologische Beratungsstelle für praktische Apartheid“ Einspruch, woraufhin die schwarzen Weissen nun ein schwarzes Schild mit weißer Schrift bekommen mitsamt einer entsprechenden Änderung bei den schwarzen Schwarzen. Doch „die Farbe der Emailtafeln war zu suggestiv. Die schwarzen Weissen wurden oft wie schwarze Schwarze behandelt und schwarze Schwarze wie weisse Schwarze privilegiert.“ Darum erhalten die weißen Schwarzen jetzt weiße Emailschilder mit goldener und die schwarzen Schwarzen schwarze mit roter Inschrift. Ein blühender Schwarzhandel mit weißen Schildern führte rasch die Unwirksamkeit dieser Unterscheidung vor Augen. „Es gab bald viele Millionen mehr schwarze Weisse als vorher Weisse.“

Nun muss etwa vor jedem Besuch eines nur für Weiße geöffneten Restaurants „jeder Gast einen schwarzen Schwarzen oder eine schwarze Schwarze mitbringen, die bestätigten, der Gast sei ein schwarzer Weisser oder eine schwarze Weisse.“ Doch auch das ist auf Dauer wenig wirksam. Aus Ehen zwischen schwarzen Weissen und schwarzen Schwarzen gehen zur Hälfte weiße Kinder hervor, von denen wiederum die Hälfte nicht immun gegen das Virus ist. Die andere Hälfte bleibt weiß, und genau diese wird zum Problem. Darum verkündet die Regierung: „Schwarz ist unsere Hautfarbe, zu der wir uns bekennen.“ Folglich sind „Weisse, die nicht schwarze Weisse sind wie wir, sondern weisse Schwarze“ eine Gefahr für die Reinheit der südafrikanischen Rasse. Deshalb wird bestimmt: „Gegen diese sind jene Gesetze der Apartheid hinfort anzuwenden, die wir gegen die schwarzen Schwarzen angewandt haben.“ Das aber löst heftige Proteste bei den Eltern jener Kinder aus, dem sich auch die übrige Bevölkerung anschließt, so dass es zum Ende der Apartheid kommt.

Abschließend berichtet der Erzähler, dass er dies alles von einem Zürcher Bankier erfahren habe, der seit einem Besuch in Südafrika ebenfalls schwarz geworden ist. Und der letzte Satz lautet: „Ich schreibe seinen Bericht nieder von einem plötzlichen Schnupfen befallen und vom Fieber geschüttelt.“

Diese kurze Erzählung unterscheidet sich in doppelter Weise von den übrigen vorgestellten Literaturbeispielen: Zum einen wird kein ethischer Konflikt geschildert und auch religiöse Erwägungen fehlen, und zum andern löst die Virusepidemie einen Prozess aus, der zu einem vorher nicht abzusehenden positiven Ergebnis führt. Durch einen übersteigerten Realismus stellt Dürrenmatt die Absurditäten der real existierenden Apartheid vor Augen. Eigentlich wirkt die geschilderte Virusepidemie wie eine heilsame Medizin, zeigt sie doch, wie krank im Grunde eine Apartheid-Gesellschaft ist. Der gefährliche Virus ist nicht jener, der die sichtbaren Rassenunterschiede aufhebt und somit auf den Begriff von Rasse verzichtet und an seine Stelle die grundsätzliche Gleichheit von Menschen setzt. Der wirklich gefährliche Virus, der eine ganze Gesellschaft krankmacht, ist die Apartheid selbst. Vielleicht hätte sich der eher glaubensferne Pfarrerssohn und Vater eines Pfarrers

Friedrich Dürrenmatt damit schwergetan, hierin ein ausdrücklich christliches Erbe zu erkennen, nämlich das der Gleichheit aller Menschen vor Gott: „Denn es ist kein Ansehen der Person vor Gott“ (Römer 2,11). Und doch verhält es sich faktisch so.

Schließlich hat die Erzählung noch eine humorvoll erzählte ernsthafte ethische Komponente, die zudem den eigentlichen Zielpunkt des Ganzen ausmacht und somit die zeitbedingte Entstehungssituation überdauert. Indem nämlich der Erzähler an sich selbst die ersten Anzeichen jener Virusinfektion bemerkt, drückt er die Hoffnung einer Weiterverbreitung des Virus aus, damit schließlich alle Menschen überall von Diskriminierungen befreit sind und die gleichen Rechte erhalten. Dann würde jener Satz aus der Präambel der amerikanischen Unabhängigkeitserklärung von 1776 endlich ein Wirklichkeit gewordenes Ideal sein: „We hold these truths to be self-evident, that all men are created equal, that they are endowed by their Creator with certain unalienable Rights, that among these are Life, Liberty and the pursuit of Happiness.“[56] Also: „Wir halten folgende Wahrheiten für selbstverständlich, dass alle Menschen gleich geschaffen sind, dass sie von ihrem Schöpfer mit gewissen unveräußerlichen Rechten ausgestattet sind, dass zu diesen Leben, Freiheit und das Streben nach Glück gehören.“ Hinter dieser naturrechtlichen Begründung steht ohne Zweifel die biblische Erkenntnis, dass nach Genesis 1,27 und Römer 2,11 vor Gott alle Menschen gleich sind.

19. Thea Dorn: Trost. Briefe an Max (2021)

Den ersten deutschen Roman über Leben, Lieben und Leiden in Corona-Zeiten hat Thea Dorn verfasst[57]. Es ist ein Brief-Roman, genauer gesagt: ein Postkarten-Brief-Roman. Die Briefschreiberin Johanna ist Feuilletonjounalistin und Mitte vierzig. Sie hat einst Philosophie studiert und der sie prägende Professor war Max, der nun im Ruhestand auf der griechischen Insel Patmos lebt. Von ihm erhält sie insgesamt sechs Postkarten, zwei mit Fotos, vier mit künstlerischen Motiven, auf deren Rückseiten jeweils lediglich ein knapper Satz steht. Durch diesen sowie einen auf den ersten Blick nicht erkennbaren Bezug zum Bild herausgefordert, antwortet sie über vier Monate weg in ihren Briefen.

„Liebe Freundin! Wie geht es Dir? Dein alter Freund" (8). Das steht auf der ersten Karte, die ein Foto von Patmos zeigt. Es scheint, als habe diese kleine Frage eine Schleuse geöffnet, aus der ein großes Wutgewässer herausbricht. Johanna kann nämlich „seit Wochen nicht anders ..., als zu wüten und zu verzweifeln" (9). Der Grund ist der Tod ihrer Mutter, einer prominenten Schauspieleragentin, die an Corona verstorben ist. „Meine Mutter, meine brillante, dauerumtriebige, vierundachtzigjährige, bescheuerte Mir-kann-keiner-was-anhaben-Mutter – sie musste stur nach Italien fahren, obwohl sich dieses Land bereits mit einem Bein im Ausnahmezustand befand." (11) Neben dem Ärger über derartigen Leichtsinn erregt sich Johanna vor allem darum, weil sie im Krankenhaus wegen des Infektionsrisikos nicht mehr an das Bett ihrer Mutter durfte: „SIE HABEN MICHT NICHT ZU IHR GELASSEN!" (14). Ein Staat, der es einer Tochter verbietet, bei ihrer sterbenden Mutter zu sein, ist für sie „barbarisch" (16), nur vergleichbar dem König Kreon, der in der Tragödie von Aischylos „Antigone“ dieser verbietet, ihren toten Bruder zu beerdigen. Johanna wütet: „Wie eine Horde durchgegangener Sanitätsnashörner überbieten sie sich im Menschenlebenrettenwollen – und merken nicht, dass sie dabei die Menschlichkeit tottrampeln.“ (16; vgl. 110)

Max antwortet mit der Frage: „Bist Du bei Trost?“ Nein, bei Trost ist Johanna nicht, durch Trost sich ruhigstellen lassen will sie nicht: „Nicht die Gelassenheitsapostel, nicht die Unerschütterlichen, sondern die *Verzweifelten*, die *Zornigen* sind das Salz der Erde!“ (35) Und sie merkt, dass es ihr um mehr geht als um den Tod ihrer Mutter: „Wenn Du mich nun spöttisch fragen willst, ob ich den Tod als solchen für ein Unrecht halte, so antworte ich: Ja. Der Tod ist der Inbegriff von roher, absoluter Macht. ... Wer die Menschlichkeit verteidigen will, muss den Tod auf die Anklagebank setzen.“ (37)

Max vermutet, dass Johanna es sich mit ihrem „Evangelium der Trostlosigkeit das Leben etwas zu leicht“ (40) macht. Doch diese lehnt sich gegen jede „Trostsülze“ (52) auf, allerdings um denselben Brief mit dem leisen Wunsch zu schließen: „PS. Doch, ja: Vielleicht wäre es schön, Frieden mit dem machen zu können, was geschieht, ohne es rechtfertigen zu müssen.“ (54) Und sie trauert dem ihr verlorengegangenen Himmel nach: „Wozu aber braucht's in einer auf irdische Dauer angelegten Glücks-, Güter- und Versicherungsgesellschaft wie der unsrigen noch einen Himmel – außer als Kulisse für den Sonntagsausflug? Jetzt bräuchte es ihn“, weil eben diese Güter „als Himmelsersatz nicht taugen.“ (62; vgl. 135) Und sie zweifelt daran, ob es überhaupt möglich ist, in einer unordentlichen Welt „selbst in Ordnung zu bleiben, ... weil eben nichts *in* der Welt weiterhilft? Weil die Kunst, in einer unordentlichen Welt selbst in Ordnung zu bleiben, nur um *Himmels* oder *Gottes Willen* zu erlernen ist?“ (61)

Max hatte Johanna das Bild eines Gemäldes geschickt, das den Tod des Sokrates im Kreis seiner Schüler darstellt. Sie vermutet, ihr solle damit gezeigt werden, „dass Halt und Trost auch ohne religiöse Stützgriffe zu haben sind.“ (66) Doch genau diese macht sie bei Plato und Sokrates aus mit ihrer letztendlich alles Irdische verachtenden Lehre einer unsterblichen Seele; beide „verkaufen ihren Widersinn als Trost *durch* Vernunft“, mithin ein Beispiel für „unredliches Philosophieren“ (69). Das jedoch ist für sie in Corona-Zeiten mit ihren Beschränkungen keineswegs der Gipfel von Unvernunft. „Denn: Was führen *wir* derzeit auf? Ist es nicht eine noch tragischere, noch absurdere Groteske? Weil wir ja sowieso an kein Elysium mehr glauben, sondern einzig und allein ans Leben – und uns trotzdem so ziemlich alles verbieten, was das Leben zum Leben macht?“ (72; vgl. 108)

„Gibt es nicht auch eine Bescheidenheit im Schmerz?“ (118), fragt Max auf einer Karte, deren Vorderseite ein Foto der in Athen rekonstruierten stoischen Wandelhalle des Königs Attalos ziert. Johanna wehrt sich anfangs heftig, versteht sie dies doch als Aufforderung, sich den von den Philosophen der Stoa und dabei namentlich von Seneca geforderten Gleichmut zu eigen zu machen. Gerade angesichts des Todes eines geliebten Menschen ist das für sie trostloser Zynismus und ein resignierendes Abfinden mit dem von ihr verachteten Tod. „Vielleicht muss man Stoizismus als Lehrgang in schrittweiser Kapitulation betrachten.“ (141). Doch wenige Sätze später bahnt sich ein Umdenken an: „Ein ziemlich beunruhigender Verdacht kriecht in mir herauf. Was, wenn es für das, was ich eben als ‚Lehrgang in schrittweiser Kapitulation' bezeichnet habe, in Wahrheit ein viel einfacheres Wort gäbe: ‚Leben'?" Teil dieses Lebens wäre dann „das *Diminuendo*, das Verklingen, das Ersterben nach und nach ..." (142; Punkte im Text) Und dann, ganz überraschend und doch folgerichtig, endet dieser Teil mit einer Wiedergabe von Psalm 39,5: „Herr, lehre doch mich, / Dass es ein Ende mit mir haben muss, / Und mein Leben ein Ziel hat, / Und ich davon muss, / Und ich davon muss ..." (143; Punkte im Text)

Max antwortet mit dem Bild eines Gemäldes von Caravaggio, das zeigt, wie der Knabe Narziss im ruhigen Wasser eines Sees sein eigenes Spiegelbild erkennt. Und er schreibt dazu: „Jetzt musst Du nur noch wagen zu springen." (146) Und Johanna wagt zu springen: „Ich gehe weg." Für sie hat „das Großstadtleben unter der Regentschaft des pietistischen Materialismus (*freudlos lebe der Mensch, gut versorgt und lang*) seine Leichtigkeit, seinen Glanz verloren." (154) Trotzdem resigniert sie nicht, findet allerdings keine Verbündete für einen „Aufstand" (159), der von der Regierung eine Zusicherung erreichen sollte, „beim nächsten Lockdown Orte der Kultur nicht wieder in einem Atemzug mit Nagelstudios und Muckibuden zu nennen und dementsprechend kurzerhand dichtzumachen." (158f.) Hier hätten auch die Kirchen genannt werden können, ja müssen, gehören sie doch ebenso zu dem, was in Krisenzeiten „geeignet wäre, uns seelisch über Wasser zu halten." (159)

Dorn zitiert das Gelassenheitsgebet von Reinhold Niebuhr, schränkt aber zugleich ein: „Ich werde auf meine mittelalten Tage nicht verzweiflungschristlich. Trotzdem scheint mir dieses Gebet das Klügste zu sein, was sich die Menschheit je ins Ohr geflüstert hat." (162) Sie variiert dieses Gebet dann zweimal, einmal mit Blick auf das Sterben ihrer Mutter (163) und dann mit Blick auf sich selbst (167). Vom Narziss-Gemälde will sie lernen: „Statt uns immer verzweifelter, immer engstirniger selbst zu bespiegeln, müssen wir wieder lernen, von uns abzusehen" (167). Sie ist bereit, die Kunst des Sterbens ebenso zu erlernen wie die Kunst des Tröstens und des Sich-Trösten-Lassens. „Trost ist die wundersame Fähigkeit, alles, was man ist und was man hat, aus vollem Herzen zu lieben – und es freimütig ziehen zu lassen, wenn es davonziehen will." (169)

Zum Abschluss noch eine Karte, doch diesmal nicht von Max, sondern von Johanna, und sie ziert auch kein Kunstwerk, sondern eine kitschige touristische Werbezeichnung der 1950er Jahre von Capri samt Meer und Motorboot. Johannas Mutter hatte den Wunsch, auf ihrem Grabstein möge der letzte Vers von Gottfried Benns eindrücklichem Gedicht „Keiner weine" stehen: „keiner weine / keiner sage: ich, so allein." (109) Allein war die Mutter nie, denn ihre eigentliche Familie waren die von ihr betreuten Künstler. Und so wünschte sie sich ein anderes Mal, dass ihre Asche bei Capri ins Meer verstreut würde, wobei ihre Freunde fröhlich feiern sollten. Beide Motive verbindet Johanna; mit sieben Leuten aus der von ihrer Mutter zuletzt betreuten Schauspielgruppe reist sie nach Capri, wo sie es sich offenbar gutgehen lassen. Und alle aus der „CHAOS-Truppe" unterschreiben die Karte, auf der Johanna fragt: „Mein lieber Max! Wie geht es Dir? Deine alte Freundin Johanna" (172).

Dies ist eine Variante des Motivs einer Flucht vor der Epidemie in die Freuden abgeschirmter Geselligkeit. Dabei bleibt allerdings offen, ob diese ähnlich schlecht ausgehen wird wie beim von Poe geschilderten gruppenorientierten sozialen Egoismus oder vergleichbar gut wie bei Boccaccio, der seine Protagonisten mit veränderter Lebenseinstellung in den Alltag zurückführt.

Das schmale Buch ist handlungsarm, aber gedankenreich, anstelle von Aktion bietet es Reflektion, und die ist mitunter durchaus anspruchsvoll. So schadet es nichts, wenn man ein wenig mit Plato und Sokrates sowie mit Seneca vertraut ist. Man merkt, dass Thea Dorn neben Theaterwissenschaften Philosophie studiert und später auch gelehrt hat. Ihre Geburtsnamen sind übrigens andere, ihren Künstlernamen hat sie aus Wertschätzung zu Theodor W. Adorno gewählt. – Eine direkte Anspielung auf Adorno findet sich dort, wo Johanna fragt, ob es überhaupt möglich ist, in einer unordentlichen Welt ordentlich zu leben. Adornos bekanntes Diktum verneint das: „Es gibt kein richtiges Leben im falschen.“[58] Damit jedoch will Johanna sich nicht abfinden.

Dieses Buch unterscheidet sich von den bisher vorgestellten insofern, als die Epidemie weniger in ihren gesellschaftlichen Auswirkungen geschildert wird; vielmehr zeigt es an einem Einzelschicksal, in welche Krise ein Mensch geraten kann, dem ein Abschied von einer sterbenden Angehörigen verwehrt wird. Dergleichen hat es tausendfach gegeben. Hier wird vor allem durch diese Auswirkung der Epidemie eine einzelne Existenz in ihren Grundfesten angegriffen. Andere Personen werden nur am Rande erwähnt. Aber gerade diese Mikrosicht macht Verletzungen, Wut und Verzweiflung eindrücklicher, als wenn sie als solche lediglich genannt würden. Fast ausschließlich um Leben und Leiden geht es hier, das Lieben kommt, abgesehen von der Liebe zur Mutter, nur ein einziges Mal vor und das zudem eher verzweifelt im Alkoholrausch; die Epidemie als lieblose Zeit.

Dabei bleibt das Buch jedoch nicht stehen, denn es schildert eine Entwicklung, lässt teilhaben an Schritten der Selbst- und Welterkenntnis sowie – damit verbunden – an allmählichen Veränderungen im Denken von Johanna. Verantwortlich dafür ist Max, der sich laut Johanna einbildet, „der letzte wahre Stoiker zu sein“ (34). Nicht umsonst schickt er unter anderem eine Sokrates-Abbildung. Das Vorgehen von Sokrates war es, keine Lehre zu vermitteln, sondern durch geschickt gestellte Fragen seine Schüler zum eigenen Nachdenken und Urteilen anzuregen – wobei seine Fragen allerdings häufig die Antwort bereits implizit vorgaben. Sokrates verglich diese einmal mit der Aufgabe einer Hebamme; ähnlich wie diese wollte er Menschen helfen, die in ihnen bereits vorhandenen Wahrheiten zu erkennen und herauszubringen. In Anlehnung an das griechische Wort für Hebamme heißt diese Methode Mäeutik. Max beherrscht sie zweifelsohne, denn schrittweise führt er Johanna zur Erkenntnis und zur Einsicht, indem er sie durch knappe Fragen und sich nicht unmittelbar erschließbare Gemälde zum Nach- und Weiterdenken herausfordert. Auf diese Weise nimmt sie schließlich eine dem Stoizismus nahe Sichtweise an. Und es erstaunt sie selbst, dass sie dabei in eine Nähe zu bestimmten biblischen Sichtweisen kommt, ohne dass sie sich als Christin versteht. Dabei weiß sie natürlich, dass es durchaus Parallelen zwischen Christentum und Stoa gibt.

Es gibt noch eine weitere, in manchen Zeiten allerdings verdeckte, Tradition im Christentum, der sich Johanna nahe fühlen könnte. „Falls ich jemals darüber nachdenken sollte, über die Möglichkeit von Trost nachzudenken, wäre mein einziger Trost, dass es Menschen gab und gibt, die vor dem Tod, vor der Gewalt, vor der Tyrannei, vor dem Unrecht nicht zu Kreuze gekrochen sind." (38) Hier ließen sich in der Tat eine Reihe von Christenmenschen nennen. Ein Beispiel dafür ist das Christoph Blumhardt zugeschriebene – allerdings nicht nachgewiesene – Wort: „Christen sind Protestleute gegen den Tod." Vielleicht würde sich Johanna eher anfreunden mit einem Satz des Ästhetikprofessors Bazon Brock: „der Tod muß abgeschafft werden, diese verdammte Schweinerei muß aufhören. Wer ein Wort des Trostes spricht, ist ein Verräter."[59]

Interessant sind die wichtigen Namen Johanna und Max sowie Patmos. Auf Patmos schrieb dereinst ein Mann namens Johannes ein apokalyptisches Buch, das als „Offenbarung" das Neue Testament beschließt. Johanna erleidet eine für sie apokalyptische Zeit, allerdings in Berlin, aber aus Patmos wird sie von Max auf so etwas wie einen Offenbarungsweg gebracht. Und Max? Eine Spekulation sei erlaubt. Ist das möglicherweise eine Hommage an Adornos Mitstreiter Max Horkheimer, weil dieser wenige Jahre vor seinem Tod offen von seiner „Sehnsucht nach dem ganz Anderen"[60] spricht? Oder ist das eine Anspielung „Mitteilungen an Max über den Stand der Dinge"[61], wie Wolfgang Hildesheimer seine Briefe an Max Frisch betitelt? Johanna berichtet Max ja über ihren Stand der Dinge. Zufällig jedenfalls scheint der Name Max nicht gewählt.

Zu Beginn zitiert Johanna einmal eine Passage aus einer Arbeit, die sie in ihrer akademischen Jugend verfasst hat. Darin heißt es: „Im tragischen Konflikt geht es darum, anzuerkennen, dass beide Seiten im Recht sind, dass jede Seite, indem sie ihr Recht ausübt, der Gegenseite Unrecht antut" (18). Dieses Verständnis durchzieht das gesamte Buch, nicht zuletzt überall da, wo sich die Worte *tragisch* oder *Tragödie* finden. Tragisch ist damit nicht umgangssprachlich zu verstehen, denn Johanna dürfte sich in ihrer Arbeit mit jener Definition von Tragödie auseinandergesetzt haben, die Georg Wilhelm Friedrich Hegel am Beispiel des Antigone-Dramas entwickelt hat. Anders als die bisherigen Interpretationen sieht er hier nicht einen Gegensatz zwischen dem, vereinfacht gesprochen, bösen Kreon und der guten Antigone. Vielmehr erkennt er, dass beide auf je ihre Weise um das Gute bemüht sind, sowohl der für die Staatsraison verantwortliche Kreon wie auch die an eine moralische Tradition gebundene Antigone. Beide Seiten sind mithin im Recht. In diesem Verständnis von Tragödie geht es nicht um tragische Helden, sondern um eine tragische Konstellation, in der sich alle Handelnden schuldig machen, wie immer sie sich auch entscheiden. Und genau das ist der Konflikt, unter dem Johanna leidet, und der auch für manches argumentative Aufeinanderprallen in den Corona-Zeiten verantwortlich ist.

In ihrer Arbeit forderte Johanna, dass die negativen „Folgen eines tragischen Konfliktes einhegbar sein“ müssen, um „den unversöhnten Rest zu versöhnen“. Jetzt distanziert sie sich von derartigen „Worthülsen“, die sie „vollkommen ahnungslos“ (18) verfasst hat. Zu einer derartigen Harmonie ist sie nicht bereit. Und sie hat nicht unrecht mit ihren Zornesausbrüchen, etwa wenn sie klagt: „Unsere famosen Entscheidungsträger stehen da wie eine Truppe Feuerwehrdarsteller, die plötzlich merkt, dass sie keine Ahnung hat, wie man einen echten Brand löscht.“ (10) Dem ist schwer zu widersprechen, wenn man an politische Zögerlichkeiten und Uneinigkeiten während der Corona-Zeiten denkt, an den Flickenteppich von uneinheitlichen Maßnahmen, an das Abschieben von Verantwortung an andere Instanzen. Johanna will mit ihrer Fundamentalkritik nicht in die falsche Ecke gestellt werden: „Es macht mich rat- und fassungslos, dass aller Protest gegen die Seuchenpolitik von Spinnervolk auszugehen scheint. Reichsbürger, Impfgegner, Neo-Nazis, Esotanten, Veganköche, Verschwörungsdeppen, Aluhütchenträger" (91). Als im Geiste kritischer Philosophie Geschulte will Johanna die Einschränkungen verbürgter Rechte nicht einfach fraglos hinnehmen. Sie vermisst eine laut vernehmbare und ernst zu nehmende Stimme aus dem Kreis derer, die unter manchen dieser Beschränkungen leiden und die deren sachliche Berechtigung mit guten Gründen infrage stellen. Eine solche Stimme ist dieses Buch.

Man könnte meinen, dies sei ein autobiographisches Werk, doch dem ist nicht so. Dorns Mutter ist viele Jahre vor dem Corona-Ausbruch gestorben, und sie konnte bei ihr sein; anders hingegen ging es einigen ihrer Bekannten.[62] Allein insofern hat dies Buch biographische Züge. Es wäre jedoch ein falsches Verständnis von Literatur, wenn man alle Äußerungen Johannas als Aussagen der Autorin versteht. Das Grundanliegen beider allerdings dürfte identisch sein. Dieser Roman, der sich stellenweise wie ein Essay liest, wirft exemplarisch einen Blick auf die Opfer und ihre Gefühlslagen. Er betont das Recht oder zumindest die Rechtanteile jener Stimmen, die die Verhältnismäßigkeit bestimmter Einschränkungen mit guten Gründen beklagen. Und zugleich zeigt er einen Weg, der aus Zorn und Verzweiflung heraus und hin zum Trost führt. Dabei gewinnt er zumindest eine Ahnung davon, dass der biblische Glaube tragfähigen Trost beinhalten kann. Letzteres ist in problemorientierten zeitgenössischen Romanen eher selten zu lesen.

20. Safiye Can: Poesie und Pandemie (2021)

Das diese Literaturübersicht beschließende Buch fällt etwas aus dem gewählten Rahmen. Bisher nämlich wurden belletristische Werke vorgestellt, nun aber ein Gedichtband, der bereits durch seinen Titel nahelegt, in diese Reihe aufgenommen zu werden. Geschrieben hat ihn Safiye Can[63], in Deutschland geborene Tochter von aus der Türkei stammenden tscherkessischen Eltern. Wohl auch diese Herkunft schärft ihre Aufmerksamkeit für gesellschaftliche Vorurteile und Ungerechtigkeiten.

Klassische Lyrik lebt unter anderem davon, durch Reime, Versmaß, Rhythmus, Zeilenumbrüche, Sprachbilder, Wortschöpfungen oder Deutungsoffenheiten mehr auszudrücken, als eine bloße Inhaltsangabe es vermag. Cans Gedichte allerdings verzichten auf alle mitunter ästhetisierend wirkenden oder vorwiegend von Fachkennern zu entschlüsselnden Feinheiten. Sie sind klar, eindeutig und konkret, können auch ohne lyrische Vorkenntnisse verstanden werden und sind gerade darum überzeugend.

Die ersten drei Gedichte betonen angesichts von Ab- und Ausgrenzungen, von Feindschaften und Kriegen: „Wir gehören zusammen" (7-14), die folgenden drei „Windlicht für dunkle Tage" (17-23) eröffnen Hoffnungswege, an die sich mit „Lila" (25-32) zwei feministische Gedichte anschließen. Einen inhaltlichen Übergang dann bieten die drei Gedichte im Teil „Alle Liebenden, mein Liebster" (35-39); in zwei sich reizvoll ergänzenden geht es um „Liebe zur Quarantäne-Zeit" mit autobiographischer Färbung.

Den Hauptteil des Buches bildet das in sechzehn Abschnitte unterteilte Langgedicht „Poesie und Pandemie“ (41-87). Die Schrecken und das Schreckliche der Corona-Zeit werden als bekannt vorausgesetzt, kaum ausdrücklich entfaltet, vielmehr eher angedeutet. Gedeutet wird hingegen ausführlich – nein, nicht das, was Corona lehrt, sondern welche Lehren ‚wir‘ aus Corona ziehen sollten; das Wir ist die darin vorherrschende Sprachform. Von daher ist es nicht falsch, von einem Lehrgedicht zu sprechen, von einer dialektischen Denkeinladung: im Negativen der Pandemie als Positives Lebensmöglichkeiten – wenn nicht sogar Lebensnotwendigkeiten – zu erkennen, anzuerkennen und zu wagen. Can geht es darum, Lehren aus einem falschen Leben zu ziehen, indem sie die Möglichkeiten eines anderen, geänderten und somit richtigen Lebens vorstellt. Dies soll das folgende Florilegium zeigen:

„Wir haben dieses Jahr gelernt / dass es für nichts Garantie gibt / dass es immer schlimmer kommen kann / als es gerade ist.“ (71)

„Wir haben in diesem Jahr gelernt / was wichtig ist / nämlich die einfachsten, simplen Dinge / wie Mehl, Salz, Zucker, Seife / … / die Anwesenheit von Familienmitgliedern / …“ (44)

„Wir haben in diesem Jahr gelernt / wie wichtig die Kunst ist, und zwar alle Künste / … /
Denn was sonst willst du machen zuhause? / Wie willst du durchhalten ohne all das? / Wie wäre das Leben ohne, unsere Seelen / sonst?“ (51)

„Wir haben gelernt, dass Unabhängigkeit / stets eine gute Sache ist. / Und ein Land Lebenswichtiges immer selbst / produzieren können muss.“ (56)

„Wir haben in diesem Jahr beinahe gelernt / dass wir wertvolle Lebenszeit / durch sinnloses, gieriges Konsumieren verschwenden. / Dass wir weniger brauchen, um glücklich zu leben / und dass weniger mehr ist.“ (64)

Es ist also eine skeptische Hoffnung, von der Can geprägt ist, eine Hoffnung, der so manch andersartige Wahrnehmung entgegensteht, eine Hoffnung, die sich durch die stakkatoartige Wiederholung des ‚Wir' dringlich zu machen versucht, eine Hoffnung, für die sie ‚Uns' als Lesende mit einem gemeinsamen Erfahrungshintergrund gewinnen will. Das Wir ist also noch kein reales Wir, denn es drückt zuerst einmal lediglich die Einsichten und Überzeugungen der Autorin aus; eigentlich müsste hier also ein Ich stehen. Ihr lyrisches Wir ist deshalb ein Wunsch-Wir, ein Einladungs-Wir.

Für Can ist die Corona-Pandemie ein Erkenntniskatalysator, der einen Prozess des Nachdenkens in Gang setzt und zu einer veränderten Sicht dessen führt, was das Leben lebenswert macht und mithin lebensnotwendig ist. Wie in einer Litanei beginnen über fünfzig ihrer Gedichtsabschnitte mit Worten wie: „Wir haben in diesem Jahr gelernt“. Can will mit ihren Pandemie-Gedichten die Gemeinschaft derer, die Ähnliches wie sie gelernt haben, vergrößern; sie sagt darum einmal über diese Menschen: „Sie alle sind jetzt schon: herzlich willkommen.“ (61)

Die Pandemie ist für Can keine ethische Herausforderung in dem Sinne, dass es uneindeutig ist, wie man sich in ihr zu verhalten hat. Für sie gibt es nur eine ethische Richtung, die zum richtigen Leben führt. Dass diese nicht leicht ist und Zumutungen erfordert, ist ihr sehr wohl bewusst. Allerdings ist für sie nur auf diese Weise krisenfeste Menschlichkeit zu erreichen und zu gestalten. Ihre ethischen Konkretionen erscheinen dabei nicht willkürlich, sondern sind die Folge von reflektierten krisenhaften Erfahrungen in Corona-Zeiten. Cans Langgedicht ist eine Provokation im ursprünglichen Sinn des Wortes, also eine Herausforderung, sich ihren Einsichten zu stellen sowie eine Aufforderung, sich ihnen anzuschließen.

Für Can überwindet wahre Menschlichkeit die sonst üblichen Gegensätze und Abgrenzungen unter Menschen. Gleiches gilt für sie offenbar ebenso für die Religion, die lediglich zweimal – dafür aber pointiert – erwähnt wird. Allerdings sind auch diese beiden Stellen, die ihr universalistisches Verständnis von einem gemeinsamen und verbindenden Kern der Religionen zum Ausdruck bringen, durch die Wirklichkeit nur in sehr kleinen Ansätzen gedeckt. Wiederum redet sie von einer kühnen Hoffnung. Dabei bleibt wegen der knappen Formulierungen unklar, ob ihr Religionen gleich gültig oder ob sie ihr im Grunde gleichgültig sind.

„Dieses Jahr wurde in allen Sprachen / und Religionen / das Gleiche ausgesprochen: / Lieber Gott, rette die Welt vom Virus / schütze unser aller Leben." (50)

„Sie glaubt an Gott und betet / in Suren. / Er glaubt an Gott und betet / in Psalmen. / Na und? / Gott ist Gott. / Wir sind eins / wir gehören zusammen." (13)

Dieses „Wir gehören zusammen" ist der rote Faden all dieser eindrücklichen Gedichte und zugleich der innere Überzeugungskern sowie Zielpunkt, an dem sich die ethischen Forderungen von Safiye Can orientieren.

21. Ertrag

Epidemien wurden bisher in theologischen Werken kaum eigens thematisiert[64], vielleicht deshalb, weil sie so häufig nicht vorkommen. Aber das mag nicht der einzige Grund sein. Auch Behinderung, obwohl nicht gerade selten, war lange kein Thema der Theologie. Mit Krankheit sieht es anders aus, wird sie doch in der seelsorglichen Literatur oder im Rahmen der neutestamentlichen Wundererzählungen behandelt sowie in der systematischen Theologie häufig dem Thema Leiden zugeordnet. Eine Epidemie, ganz zu schweigen von einer Pandemie, ist aber etwas anderes als ‚nur' eine Krankheit.

Vor diesem Hintergrund ist zu fragen, vor welche Herausforderungen sich die belletristische Literatur durch Epidemien gestellt sieht, ist sie doch durchaus so etwas wie ein zumeist zeitversetzter Seismograph von menschlichen und gesellschaftlichen Befindlichkeiten und Herausforderungen. Von daher schadet es zumindest nicht, theologisch und pastoral zur Kenntnis zu nehmen, wie in solcher Literatur auf die durch Epidemien bedingten Herausforderungen geantwortet wird. Die vorgestellten Beispiele habe ich vornehmlich unter dem Gesichtspunkt betrachtet, durch welche sittlichen und ethischen Impulse die handelnden Hauptpersonen geleitet werden. Mir ist bewusst, dass dadurch viele andere und wichtige Interpretationsmöglichkeiten unberücksichtigt bleiben.

Sittlichkeit in guten wie in schlechten Tagen

Es ist deutlich geworden, wie schwer es offenbar ist, eine Gut-Wetter-Sittlichkeit in Zeiten von Sturm, Unwetter und Katastrophen handlungsleitend zu bewahren. In einem Aphorismus heißt es zu Recht: „Kein Mensch weiß, was in ihm schlummert und zutage kommt, wenn sein Schicksal anfängt, ihm über den Kopf zu wachsen."[65] Thomas Mann und Philip Roth bieten entsprechende Beispiele für Einzelpersonen. Edgar Allan Poe beschreibt die Sittenlosigkeit eines Einzelnen. Giovanni Boccaccio, Daniel Defoe, Jens Peter Jacobsen, Andrzej Szczypiorski, José Saramago und Stewart O'Nan verfolgen den Verfall sittlicher Normen in einer ganzen Stadt, Mary W. Shelley und Cormac McCarthy das Gleiche auf einem ganzen Kontinent. Friedrich Dürrenmatt persifliert den Zusammenbruch einer fragwürdigen Staatsdoktrin. Thea Dorn zeigt, wie in politischer Verantwortung getroffene Maßnahmen zur Gefahrenbegrenzung in ihren Auswirkungen von Einzelnen als unsittlich erlebt werden. Ljudmila Ulitzkaja beschreibt, dass ein Diktator ohne sittliche Bedenken zur Liquidation Dutzender unschuldiger Menschen bereit ist, um die Ausbreitung einer Epidemie zu verhindern; sein menschenverachtendes Verhalten angesichts eines Pestausbruchs zeigt somit beispielhaft, wie politisch verpestet sein Regime insgesamt ist.

Vor allem bei Albert Camus sind es mehrere, die nicht nur sittliche Personen, sondern sittliche Persönlichkeiten sind – ein Priester macht dabei sogar eine sittliche Entwicklung durch. Und bei Makiia Lucier wird die Protagonistin sich erst in der Krise ihrer Persönlichkeit und ihrer Sittlichkeit bewusst. Mehrere Autoren stellen das solidarische Verhalten Einzelner als vorbildlich heraus. John Ironmonger geht darüber hinaus, wenn er – ähnlich wie Saramago – erzählerisch postuliert, dass es ausschließlich durch ein uneigennütziges solidarisches Verhalten aller gelingen kann, den sozialschädlichen Folgen einer Pandemie erfolgreich zu begegnen. Ironmonger, der in seinem Roman einmal Shelley ausdrücklich erwähnt, entwirft damit ein

Gegenbild zu ihrer Überzeugung, dass auch ein gebotenes solidarisches Handeln machtlos ist gegenüber einer entfesselten Pandemie. Anders als bei Ironmonger sind es bei McCarthy lediglich wenige Einzelne, die unabhängig voneinander sittlich verantwortungsvoll handeln.

Abgesehen von den Religiöses nicht thematisierenden Shelley, Poe, Mann, García Márquez, Dürrenmatt, Lucier und Ulitzkaja verstehen fast alle Autoren eine Epidemie auch als religiöse Herausforderung in Gestalt von Kritik an kirchlicher Lehre. Bei Boccaccio ist die Morallehre der Kirche deshalb obsolet, weil ein bigotter Klerus ihr nicht folgt. Desillusioniert vom Glauben verkündet der Atheist Jacobsen die Wirkungslosigkeit des Christentums. In der Konsequenz Ähnliches findet sich beim Anti-Theisten Saramago, für den eine argumentative Auseinandersetzung mit theologischen Fragen nicht lohnt, weil Gott nicht sehen kann und somit irrelevant ist; das wird nicht wirklich begründet, sondern plakativ behauptet. Bei Roth ist Gott, indem er die Epidemie zumindest nicht verhindert, wenn nicht gar verursacht, schlichtweg unglaubwürdig und somit des Glaubens an ihn unwürdig. Bei Szczypiorski wird nicht das Handeln Gottes als unglaubwürdig geschildert, unglaubwürdig erscheinen bei ihm vor allem jene kirchlichen Würdenträger, für die Gott zu einer die politischen Eigeninteressen legitimierenden Funktion verkommen ist; offen bleibt dabei allerdings, ob Theologie und Kirche überhaupt hinreichend Kraft und Willen haben, um sich gegen eine politische Vereinnahmung zu wehren. Am tiefsten begründet Camus seine Nähe zum Atheismus, was nicht zuletzt seiner philosophischen Bildung geschuldet ist.

Eine grundsätzliche Zustimmung zum Christentum und zur Kirche findet sich einzig bei Defoe und Manzoni; beide kritisieren zwar das Fehlverhalten einzelner Geistlicher, folgern daraus aber keine grundsätzliche Ablehnung von Kirche oder Glaube. Ähnliches ist auch für Boccaccio anzunehmen. Zwar gebrochen, aber nicht zerbrochen ist die Zustimmung zur Glaubenslehre bei O'Nan. Trotz seiner Ablehnung von dessen Dogmatik respektiert Camus das Christentum, sofern dessen Ethik ein Eintreten für Opfer fordert. Obwohl Ironmongers Roman von biblischen Anspielungen durchzogen wird, ist in ihm die christliche Religion und deren Ethik kaum handlungsleitend; allerdings haben bei ihm die biblischen apokalyptischen Texte offenbar das Potential, in poetischer und mythologischer Sprache gegenwärtigen und zukünftigen apokalyptischen Bedrohungen angemessenen Ausdruck zu verleihen. Bei Shelley lässt sich ein Aufgreifen des Gebotes der Nächsten- bzw. Feindesliebe lediglich indirekt in einer Umwandlung zu religionsloser Humanität erkennen. McCarthy zeichnet sich aus durch eine subkutane und säkular transformierte, eher erahnbare und nur am Ende einmal knapp erläuterte Christlichkeit aus. Ulitzkaja beschränkt ihre Darstellung auf eine kurze Szene, um zu zeigen, wie bedeutungslos die Kirche von einem atheistischen Staat gemacht wurde. Bei Dorn gibt es eine Nähe zu wenigen christlichen Traditionen, ohne dass diese Nähe sich in einem Glauben zeigt. Can schließlich sieht das Verbindende von Religionen in einem gemeinsamen Gott und die Überwindung von Gegensätzen in gelebter Menschlichkeit; für sie beinhaltet die Pandemie kein Infragestellen Gottes.

Eine Gemeinsamkeit lässt sich festhalten: Es gibt keine gesicherte Sittlichkeit. Sittlichkeit ist immer gefährdet, muss immer wieder neu bedacht, begründet, verteidigt und vorgelebt werden. Und genau dies gilt auch für die Christlichkeit. Auch sie ist immer gefährdet, auch sie muss immer wieder neu bedacht, begründet, verteidigt und vorgelebt werden.

Der Fels des Atheismus und der Stein des Sisyphos

Im Grunde lassen sich alle philosophischen und theologischen im Rahmen dieser Epidemie-Bücher vorgetragenen Einwände gegen Gott zurückführen auf die oft zitierte Einsicht von Georg Büchner, die in einem philosophischen Disput geäußert wird: „Merke dir es, ... warum leide ich? Das ist der Fels des Atheismus."[66] Diese Behauptung wird allerdings regelmäßig auch theologisch zitiert und kommentiert, nämlich im Rahmen der Theodizee. Wenn man Epidemien als Sonderformen des allgemeinen Übels betrachtet, dann sind sie ungenannt sehr wohl theologisch bedacht worden. Es handelt sich dabei zudem um eine biblisch bezogene Behauptung, denn in Psalmen wie 37, 69 und 73 wird ja vor Gott die klagende Frage erhoben, warum der Gerechte leiden muss, während es dem Gottlosen gutgeht. Die theologisch erwogenen Argumente, dass es gerade Glaubende sind, die Gott anklagen, oder dass in Christus die scheinbare Abwesenheit Gottes ertragen werden kann oder dass es dereinst einen himmlischen Ausgleich geben wird – sie alle setzen für ihre Plausibilität im Grunde den Glauben voraus und sind für Nicht-Glaubende keineswegs überzeugend. Auch dies führt die oben genannte Literatur vor Augen.

Alle theologischen und philosophischen Versuche, das Böse sowie das Leiden – zumal Unschuldiger – in irgendeiner Weise als sinnvoll und damit als gerechtfertigt zu erklären, überzeugen nicht. Sie können allenfalls für vom Bösen oder von Leiden nicht betroffene Menschen auf der Ebene abstrakten Denkens einsichtig wirken. Wer sich allerdings vom Leiden anderer

Menschen mitleidend berühren lässt, wird derartige Gedanken als unbarmherzig und nicht trostreich ansehen. Es gab und gibt Frömmigkeitsrichtungen in der Kirche, bei denen Lehren daraufhin überprüft werden, ob sie trösten oder nicht; wirken sie trostlos, werden sie verworfen.

Trost setzt voraus, nicht über das Leid anderer hinwegzusehen, sondern wahrzunehmen. Nur so kann Linderung durch Wort und Tat versucht werden. Die Bibel nennt das: Barmherzigkeit. In Matthäus 9,18-35 werden Heilungsgeschichten Jesu erzählt. In 9,36 erfolgt die Begründung dafür: „Und als er das Volk sah, jammerte es ihn." Ähnlich im Gleichnis Jesu vom barmherzigen Samariter, der einen von Räubern Zusammengeschlagenen findet: „Und als er ihn sah, jammerte es ihn." (Lukas 10,33) Beide Male ist es kein hilfloses wortreiches Rumjammern, denn es drängt zu einem wirkungsvollen Helfen ohne große Worte.

Christenmenschen können die in der Theodizee erhobenen Einwände gegen Gott nicht widerlegen. Trotzdem werden sie sich immer wieder aufs Neue bemühen, in Denken und Glauben wenigstens den Versuch einer tastenden Antwort darauf zu finden, für sich und für andere. Die absehbare Vergeblichkeit dieses Unterfangens wird sie nicht davon abhalten, wie Sisyphos immer wieder ihren Stein den Berg des Glaubens, Denkens und Zweifelns hochzuwuchten. Auch auf diese Weise halten sie fest an Gott, weil sie darauf vertrauen, dass Gott letztendlich weder Tränen und Tod will, „noch Leid noch Geschrei noch Schmerz" (Offenbarung 21,4). Darum bemühen sie sich, im Namen Gottes durch Gebet und Tat, Leid zu lindern und Böses einzudämmen. Dabei ähneln sie dem Pater Paneloux und stehen Seit an Seit mit Dr. Rieux. Beide können sich in der mythologischen Figur des Sisyphos wiedererkennen, weil beide wissen, dass sie den Felsen des Leids von sich aus niemals werden wegschaffen können.

Epidemien als Plage Gottes

Boccaccio, Manzoni und auch Defoe berichten, dass es zu ihren Zeiten üblich war, in der Pest oder in anderen Epidemien eine Strafe Gottes zu sehen. Auch Pater Paneloux vertritt in seiner ersten Predigt eine solche Überzeugung. Diese Sichtweise kann sich auf jene Bibelstellen berufen, in denen biblische Plagen und ihre Ursachen beschrieben werden. Auch heute noch teilen manche Menschen diese Sicht. In Leserbriefen wird beispielsweise der Glaubensverfall in der Kirche, der verbreitete Liberalismus, das Bejahen von Homosexualität oder auch die Frauenordination als Grund für Gottes strafende Plagen genannt. Allerdings ist hier eine auffallende Beliebigkeit erkennbar; anscheinend wissen die jeweiligen Schreibenden, was Gott eigentlich mit Corona bezwecken will. Dies wäre dann eine neue Form von Privatoffenbarungen durch Geschichte. Falls es aber wirklich Gott ist, der diese Plagen schickt, muss er sich in der Tat fragen lassen, warum er das Ziel seiner Plagen nicht deutlicher macht, etwa indem allein die jeweils Schuldigen gestraft und getroffen werden und nicht eine Vielzahl, vielleicht sogar die Mehrzahl von Unschuldigen.

Die zehn biblischen Plagen in Exodus 7-11 werden nicht erst im Nachhinein gedeutet. Jede einzelne wird dem Pharao vorher angekündigt für den Fall, dass er das Volk Israel nicht aus der Sklaverei entlässt. Ihr Charakter als Strafe ist derart eindeutig, dass selbst die ägyptischen Zauberer erkennen: „Das ist Gottes Finger." (8,15) Ansonsten ist von Plagen als Strafe in der Bibel nur selten die Rede. in Psalm 89,33 heißt es: „So will ich ihre

Sünde mit der Rute heimsuchen und ihre Missetat mit Plagen", und in der Bildersprache von Offenbarung 15,1 bringen als Zeichen der hereinbrechenden Endzeit sieben Engel „die letzten sieben Plagen; denn mit ihnen vollendet sich der Zorn Gottes". Schließlich warnt Jesus in Lukas 13,4 ausdrücklich davor, den Einsturz eines Turmes als Strafe anzusehen: „Oder meint ihr, dass die achtzehn, auf die der Turm in Siloah fiel, schuldiger waren als alle anderen Menschen, die in Jerusalem wohnen?"

Wer Epidemien und Naturkatastrophen jeglicher Art selbstsicher als Gottesstrafen versteht, macht es sich zu einfach. Dadurch wird die Verantwortung auf Gott geschoben, während man selbst verantwortungslos handelt, wenn man nicht nach möglichen von Menschen verursachten Gründen für derartige Übel sucht. Genau diese lassen sich aber oft finden. Von daher bieten Epidemien und Naturkatastrophen zuerst einmal Anlass, nach kulturellen, gesellschaftlichen und politischen Eigenverantwortlichkeiten zu fragen. Die – so seien sie hier einmal genannt – Straftheoretiker heißen im Grunde die durch Epidemien oder Naturkatastrophen verursachten Leiden gut, eben weil sie Ausdruck von Gottes Willen sind.

Dem entgegen steht die ebenfalls christliche Überzeugung, Gott dürfe ein Übel wie die Pest nicht nur nicht wollen, sondern er dürfe sie auch nicht tatenlos zulassen. Sie seien hier einmal Paradiestheoretiker genannt, weil sie im Grunde von der Wunschvorstellung eines paradiesischen Lebens ausgehen. In der biblischen mythologischen Erzählung vom Paradies im Garten Eden ist in der Tat von einem harmonischen und ungefährdeten Leben die Rede. Die dann aber folgende Erzählung vom Sündenfall begründet, warum wir eben nicht mehr in wahrhaft paradiesischen Umständen leben; Gott kündigt Adam und Eva an, dass ihr Leben von Mühsal und Schmerzen und vom Tod geprägt sein wird. Und bald darauf erfolgt der erste Mord.

Teil dieser gefallenen Schöpfung sind auch Krankheiten und Naturkatastrophen. Und Teil dieser Schöpfung sind Bakterien und Viren, von denen einige Krankheiten verursachen können, während andere menschliches Leben erst ermöglichen. Diese Ambivalenz gilt es, als schöpfungsgegeben zu akzeptieren, auch wenn sie – zumal bei unmittelbar Betroffenen – glaubensmäßig nur schwer zu akzeptieren ist. Für das sittliche Handeln folgt daraus die Verpflichtung, alles Menschenmögliche zur Eindämmung und Abwehr von Katastrophen zu tun – das aber in dem Wissen, dass wir uns mit ihrem immer wieder neuen Ausbrechen abfinden müssen[67].

Angesprochen ist damit eine Frage, die seit der Antike Philosophen und Theologen bewegt hat, nämlich die nach dem unde malum, also woher das Böse in einer von Gott geschaffenen Welt kommt. Beispielhaft sei der vermutlich 525 hingerichtete christliche Philosoph Boethius genannt mit seiner zugespitzten Frage: „Wenn es einen Gott gibt, woher dann das Böse? Woher aber das Gute, wenn es keinen gibt?“[68] Eine redliche christliche Theologie kann diese Aporie nicht auflösen. Sie hat sich mit recht dagegen gewehrt, dem das Gute wollenden Gott einen das Böse schaffenden Demiurgen entgegenzusetzen, sei dieser personal als Teufel oder strukturell als Prinzip gedacht. Gleichwohl ist es ihr unmöglich, schlüssig zu erklären, warum es etwa das Böse in Gestalt von todbringenden Epidemien gibt und wie diese mit der Güte Gottes in Einklang zu bringen sind.

Karl Barth bezeichnet bestimmte Phänomene wie etwa Schuld und Sünde, die in Spannung zur guten Schöpfung Gottes stehen und ihr widersprechen, als „das Nichtige“[69]. Auch wenn dabei nicht von Bakterien und Viren in ihrer Ambivalenz von Lebensdienlichkeit und Lebenszerstörung die Rede ist, lässt sich ihre lebensfeindliche Möglichkeit durchaus dem Nichtigen zuordnen. Die Schöpfung hat somit „eine Gott, aber auch eine dem Nichtigen zugewendete Seite“[70]. Das Nichtige zeichnet sich aus durch „diesen Widerspruch und Widerstand, dieses störrische Element, diesen Fremdkörper“[71], bleibt aber dennoch Teil von Gottes Herrschaftsbereich und wird letztlich durch ihn begrenzt und beendet.

Zur Beschreibung der Schattenseiten von Gottes Schöpfung und des Bruches in ihr findet sich bei Barth eine weitere Begrifflichkeit, die bei ihm wiederum mit Bakterien und Viren nichts zu tun hat, gleichwohl aber ihrem Verständnis dienen kann. In seiner Auslegung der Vaterunser-Bitte „Dein Reich komme“ erwähnt Barth von Menschen zu verantwortende Unordnungen, die ihrerseits Menschen unterdrücken können. Als Beispiele nennt er unter anderem Mammon, Ideologie, Genuss und Sport. Menschen können durch sie derart beherrscht werden, dass diese für sie zu „herrenlosen Gewalten“[72] werden. Analog lassen sich die zerstörerischen Potenzen von Bakterien und Viren als herrenlose Gewalten verstehen. Deren je eigenen Gesetzlichkeiten sind Menschen zunächst schutzlos ausgeliefert und können ihrer mitunter nicht Herr werden.

Sowohl das Nichtige als auch die herrenlosen Gewalten sind mythologische Redeweisen, mit deren Hilfe zum Teil Unerklärbares, Überwältigendes und zu Fürchtendes begreifbar gemacht werden soll. Das soll aber keineswegs zur Passivität führen, sondern zur Notwendigkeit, die herrenlosen Gewalten nach Möglichkeit in ihre Grenzen zu weisen und dem Nichtigen zu widerstehen. Und beide Begrifflichkeiten leiten dazu an, nach Anteilen von eigenem und gesellschaftlichem Verschulden an der Entstehung und Ausbreitung von Epidemien zu fragen.

Dies ist nun allerdings keine schlüssige und glatte Erklärung für den Bruch in der Schöpfung, sondern ihrerseits eine gebrochene; sie ist ein bruchstückhafter Versuch, am Gedanken der guten Schöpfung Gottes trotz des Bruches in ihr festzuhalten. Gott ist nicht unmittelbar verantwortlich für Epidemien und andere Übel, aber er hat nicht nichts mit ihnen zu tun. Andernfalls wären Gebete mit ihren Klagen und Bitten grundlos. Durch sie erinnern Menschen Gott an seine ihnen nicht erkennbare Verantwortung, hoffen auf helfende Antwort und erinnern ihn an seine Güte. Dieses *Dennoch* angesichts von unverständlichen Seiten Gottes gehört zum Glauben.

Theologie ist natürlicherweise menschliches Denken. Und Menschen sind Teil der Schöpfung und untrennbar mit ihr verwoben, was bereits jede kleine Krankheit und erst recht jede Epidemie und schließlich der Tod beweist. Und eben diesem kleinen kurzlebigen Teil der Schöpfung ist es nicht möglich, diese gottgleich als Ganzes zu überblicken. Angesichts der Unmöglichkeit eines allumfassenden Verstehens haben Christen eine doppelte Möglichkeit und Aufgabe, wie eben bereits angedeutet. Einerseits bringen sie ihre Klagen vor Gott und können ihn dabei auch anklagen sowie zugleich um Hilfe zu bitten. Andererseits bieten sie den Trost des Glaubens, auch indem sie verantwortungs- und phantasievoll das ihnen Mögliche zur Linderung des vom Bösen verursachten Leidens wagen. Christen setzen alles daran, die Macht des Bösen im Wissen um das von Gott gewollte Gute einzudämmen.

Theologisch hat Dietrich Bonhoeffer dies in die Dialektik von Widerstand und Ergebung gekleidet: „Ich habe mir oft darüber Gedanken gemacht, wo die Grenzen zwischen dem notwendigen Widerstand gegen das ‚Schicksal' und der ebenso notwendigen Ergebung liegen."[73] Er kommt dabei zu dem Ergebnis: „Die Grenzen zwischen Widerstand und Ergebung sind also prinzipiell nicht zu bestimmen; aber es muß beides da sein und beides mit Entschlossenheit ergriffen werden. Der Glaube fordert dieses bewegliche, lebendige Handeln."

Lehren aus Epidemien

Kann ‚man' aus Epidemien etwas lernen oder wollen sie uns gar etwas lehren? Letzteres ist nicht selten zu hören, etwa: Corona lehre, dass die bisherige gewissenlose Ausbeutung der Natur ein Irrweg sei, weshalb diese zurückschlage; dass der Umweltschutz endlich ernst genommen werden solle; dass der hemmungslose Kapitalismus eingegrenzt werden müsse; dass die ungebremste Globalisierung nicht einfach weitergehen dürfe. So berechtigt derartige Forderungen im Einzelnen auch sind, es drängt sich der Eindruck auf, dass das, was man schon längst geändert haben möchte, der Epidemie untergeschoben wird, ganz als ob sie eine Person sei, die eine bestimmte und in der Regel einem selbst wichtige Forderung ihrerseits unterstützt. Ein Virus ist aber keine Person, die reflektiert und bewusst entscheidet.

Gleichwohl können, ja sollten sowohl Einzelne als auch Gesellschaften bestimmte Folgerungen ziehen, die sich etwa aus ei-

ner Ursachenerforschung ergeben; das sind dann durchaus Lehren. Diese könnten sehr praktische Folgen haben, etwa im Katastrophenschutz oder bei der Überlegung, ob es wirklich sinnvoll ist, sich bei der Produktion von Medikamenten oder der Energieversorgung in die Abhängigkeit anderer Staaten zu begeben. Ein poetisches Beispiel dafür sind die Gedichte von Safiye Can.
Gefragt werden soll im Folgenden vornehmlich, welche Konsequenzen und Lehren sich für Kirche und Theologie ergeben können. Dies geschieht vor dem Hintergrund gegenwärtiger Epidemie-Erfahrungen sowie der vorgestellten Literatur.

Fliehen oder Bleiben

In einigen der vorgestellten Bücher geht es auch um die Frage, ob es ethisch erlaubt ist, vor einer Epidemie in nicht betroffene Gegenden zu fliehen, um sich vor einer drohenden Ansteckung zu schützen. Bei Beantwortung der Frage muss man sich allerdings bewusst machen, dass der Begriff Flucht auch den negativen Beigeschmack von Feigheit haben kann sowie von Fahnenflucht als Fortstehlen aus übernommener Verantwortung. Wenn jemand vor einer Epidemie flieht, um sein Leben zu schützen, dann ist wohl eher sachgemäß von Vertreibung zu sprechen. Über Jahrhunderte hinweg war, wie oben gezeigt, ein solches Fliehen das einzige sichere Mittel, um sich vor der Pest zu schützen, denn wirksame Medikamente gab es nicht. Und: Umgekehrt werden Menschen, die während einer Epidemie in Quarantäne müssen, für eine gewisse Zeit aus dem normalen gesellschaftlichen Leben ‚vertrieben'. In diesem Sinn ist sowohl eine selbst gewählte oder eine erzwungene Vertreibung durchaus ein Ausdruck ethisch wohlbegründeter Verantwortung.

Aus solchen guten Gründen wird in den betreffenden Romanen ein Fliehen keineswegs grundsätzlich negativ beurteilt. Dass Gustav von Aschenbach in Thomas Manns „Der Tod in Venedig“ entgegen deutlichen Ratschlägen eben nicht flieht und auch anderen nicht dazu rät, wird als ethisch verwerflich kritisiert. Bei Shelley schließlich versuchen die noch Lebenden vor der alles verschlingenden Pest zu fliehen, da ein weiteres Bleiben zum baldigen Tod führen würde. Ganz anders hingegen beurteilt Edgar Allan Poe in „Die Maske des roten Todes“ die Flucht des Fürsten Prospero in eine Befestigung, um dort abgeschirmt von der Umwelt mit Freunden zügellose Feste zu feiern; von ähnlichen Feiern ist auch in Corona-Zeiten zu lesen. Prospero nämlich begeht Fahnenflucht, weil er seiner fürstlichen Verantwortung nicht gerecht wird, indem er seine Untertanen sich selbst überlässt. Anders ist die Flucht der jungen Menschen in Boccaccios „Dekameron“ zu beurteilen, denn die Zehn tragen keine politische Verantwortung und kehren nach kurzer Zeit zurück in ihre pestgeplagte Stadt.

Öfter geht es in der vorgestellten Literatur um die Frage nach Fliehen oder Bleiben in einer standes- oder berufsspezifischen Weise in Bezug auf diejenigen, die Verantwortung für andere tragen und die damit besondere Verpflichtungen eingegangen sind. Als Erstes seien Ärzte und anderes medizinisches Personal genannt. Sowohl bei Albert Camus als auch bei Makiia Lucier ist ein durch die Berufsethik gebotenes Bleiben eine Selbstverständlichkeit. Bei Mary Shelley wird ein Politiker kritisiert, der seiner Verantwortung nicht nachkommt. Ähnlich verweigert bei Steward O’Nan der Sheriff die Möglichkeit zu fliehen. Umgekehrt macht sich bei Philip Roth ein Lehrer lebenslang Vorwürfe, eine eingegangene Verpflichtung durch seine Flucht aufgekündigt zu haben.

Differenzierter stellt sich die Lage bei Priestern und Pfarrern dar. Alessandro Manzoni lobt einen Kardinal, der seine Pfarrer auffordert, den an Pest Erkrankten beizustehen; dieser geht zudem selbst mit gutem Beispiel voran, während andere sich dieser Verpflichtung entziehen. Ähnlich vorbildlich verhält sich bei Albert Camus ein Pater, der zudem in einer Predigt eindrücklich erzählt, auf welch schändliche Weise in früheren Zeiten andere Geistliche sich furchtsam ihrer seelsorgerlichen Verantwortung entzogen haben. Auch hier also gebietet eine Berufsethik das Bleiben.

Daniel Defoe beklagt in seiner dokumentierenden Beschreibung, dass ein großer Teil der Geistlichkeit in die Sicherheit anderer Landstriche geflohen ist. Ausdrücklich lobt er andere, die sich treu weiterhin um ihre Gemeindeglieder gekümmert haben. Allerdings kritisiert er, dass einige der Ausharrenden die Geflohenen als Feiglinge brandmarkten, während es doch Gott sei, der einigen mehr Stärke verleihe als anderen.

Bleiben oder Fliehen bei Martin Luther

Mit dieser Sichtweise weist Defoe, der nach dem Wunsch seines Vaters eigentlich Pfarrer werden sollte, eine erstaunliche inhaltliche Nähe zur Argumentation von Martin Luther auf. Es sind vor allem zwei Briefe sowie eine längere briefliche Abhandlung, in denen dies nachzulesen ist.

1516 kritisiert Luther einen Professorenkollegen, dass dieser ihm angesichts der täglichen Pesttoten in Wittenberg zur Flucht rät: „Wohin soll ich fliehen? ... Die Brüder allerdings werde ich bei Ausweitung der Pest in alle Lande zerstreuen. Ich bin hier gesetzt; aus Gehorsam steht es mir nicht frei zu fliehen, … bis der Gehorsam, der da geboten ist, erneut gebietet.“[74] Luther kritisiert also nicht grundsätzlich eine Flucht, ja er hält sie für seine klösterlichen Mitbrüder für unter Umständen geboten. Für sich selbst allerdings schließt er (zunächst) diese Möglichkeit aus. Und auch elf Jahre später hat sich seine Sichtweise trotz einer neuerlichen schweren Pestepidemie in Wittenberg, der auch manche Weggefährten zum Opfer gefallen sind, nicht geändert: „Ich bleibe, und das ist wegen dieser ungeheuren Furcht unter dem Volke nötig.“[75]

Im selben Jahr antwortet Luther auf eine Anfrage der Pfarrer aus Breslau, ob es auch ihnen erlaubt sei, ebenso wie andere Bürger sich durch Verlassen der Stadt vor der wütenden Pest in Sicherheit zu bringen. Da er seine ausführliche briefliche Antwort als grundsätzlich betrachtet, gibt Luther sie als eigene Schrift heraus unter dem Titel „Ob man vor dem Sterben fliehen möge“[76]. Schon die Wahl des Titels ist programmatisch, lautet er doch nicht: *Ob man das eigene Leben vor der Pest durch Flucht retten dürfe*. Allerdings ist zu beachten, dass es sich hierbei nicht um ethische Anweisungen an alle Christenmenschen handelt, sondern in erster Linie um berufsethische Ausführungen für Pfarrer, die aber im Grundsatz auch für andere Amtsträger, ja auch für pflegende Angehörige gelten.

Einleitend erinnert Luther daran, dass auch unter Pfarrern angesichts einer Pest beides als rechtens angesehen wird, sowohl ein Bleiben als auch ein Fliehen; letzteres betreffe „besonders die, welche nicht mit Ämtern behaftet sind.“ (227) Zwar ist „zweifellos nicht allen dasselbe zu tragen“ (227) aufgeladen. Gleichwohl gilt: Es „sind die, die im geistlichen Amt sind, … auch schuldig, in Sterbens- und Todesnöten zu stehen und zu bleiben.“ (228) Allerdings müssen keinesfalls alle Geistlichen in einer von der Pest befallenen Stadt bleiben, sofern die pastorale Versorgung durch Bleibende gesichert ist. Gleiches gilt ausdrücklich auch für pflegende Angehörige und Nachbarn. Ein Fliehen ist damit ausdrücklich erlaubt, „sofern solches ohne Schaden oder Nachteil der Liebe und Pflicht gegen unseren Nächsten geschehe." (230) Leitendes Entscheidungskriterium soll nicht die eigene Sicherheit, sondern das Bedürfnis nach Beistand der Erkrankten und Sterbenden sein (233-240). Die Helfenden dürfen sich darauf verlassen, dass Gott ihnen beisteht.

Gustav König hat 1850 eine Radierung gestaltet mit dem Titel „Luther bei den Pestkranken"[77]. Sie zeigt den Reformator, wie er, umgeben von Pestkranken sowie von helfenden und sich durch Tücher oder Zuhalten der Nase schützenden Frauen, selbst ohne äußeren Schutz das Abendmahl austeilt. Diese heroisierende Darstellung stellt ein unzutreffendes Bild vor Augen. Ausdrücklich nämlich legt Luther den Pfarrern nahe, alle als wirksam bekannten Schutzmaßnahmen zu ergreifen, wobei er heftig jene kritisiert, die leichtfertig meinen, darauf verzichten zu können (240-244). Denn: „Gott hat uns befohlen, unseren Leib so zu pflegen, daß wir ihn schonen und erhalten, wenn er uns nicht eine Not zuschickt. Andererseits hat uns Gott befohlen, den Leib auch getrost dran zu wagen und aufs Spiel zu setzen, wenn es die Not erfordert." (247)

Recht betrachtet unterscheidet sich diese Berufsethik in ihren Konsequenzen kaum von einer ärztlichen. Luther erwartet eine ähnlich standhafte Haltung auch von allen, „welche in weltlichen Ämtern sind, wie Bürgermeister und Richter und dergleichen" (228). Und trotz ihrer durchaus strengen Erwartungen ist eine solche Ethik barmherzig, da sie die Schwachheit mancher

Personen gelten lässt. Hier empfiehlt Luther Nachsicht: „Wer so stark im Glauben ist, der … verdamme die nicht, die fliehen.“ (232) Das erinnert an Jesaja 9,22: „Ein Starker rühme sich nicht seiner Stärke.“

Eine kleine historische Ergänzung sei noch erwähnt, die von einer tragischen Ironie – Camus hätte sie absurd genannt – berichtet. 1552, als Wittenberg erneut unter der Pest leidet, entschließt sich Luthers Witwe Katharina, mit ihren Kindern ins sichere Torgau zu fliehen. Vor den Toren der Stadt jedoch hat sie mit ihrem Fuhrwerk einen Unfall; ihre Kinder bleiben unverletzt, sie selbst aber erleidet einen Beckenbruch, an dessen Folgen sie drei Wochen später verstirbt.

Verzagende Kirche

Vor diesem Hintergrund ist zu fragen, wie sich Pfarrerinnen und Pfarrer, Gemeinden und Kirchen bisher in den Corona-Zeiten verhalten haben. Dabei ist nicht nur aus meiner Sicht allerhand Kritisches anzumerken, obwohl ich der Corona-Politik von Regierungen und Verwaltungen im Grundsatz zustimme. Ich will nicht im Nachhinein besserwisserisch all jene anklagen, die in unüberschaubaren Gemengelagen und unter Zeitdruck einige frag- und kritikwürdige Entscheidungen getroffen haben. Vielmehr geht es mir darum, für ein künftiges pastorales und kirchliches Handeln einen theologisch verantwortbaren sowie (kirchen-)rechtlich gut begründeten Handlungsrahmen zu schaffen, der auch in Zeiten möglicherweise bevorstehender Epidemien Bestand hat. Dieses Ansinnen deckt sich mit der von Camus in vergleichbarer Weise bestimmten pädagogischen Zielrichtung der „Pest“.

„Dem Gottesdienst ist nichts vorzuziehen." Um 500 legte Benedikt von Nursia, Begründer des abendländischen Mönchtums, dies als Punkt 38 seiner Ordensregel fest. Gemeint war damit, dass die Mönche beim Glockenläuten unverzüglich alle Arbeiten niederlegen sollten, um zum Gottesdient zu eilen. Doch auch unabhängig von seinem ursprünglichen Sitz im Leben behält dieser Satz in einem erweiterten Sinn seine Gültigkeit. Er bezeichnet nämlich das, was in der Soziologie Identitätsmarker genannt wird: ein eindeutiges und unverwechselbares Kennzeichen, welches (mit) das Wesen etwa einer Institution ausmacht und bei dessen Verblassen oder Verlust die Gefahr von Bedeutungslosigkeit droht. Ganz unabhängig wo und in welcher Weise sie gefeiert werden, gilt dies auch für Gottesdienste. Gottesdienste gehören zum Wesen der Kirche, sind ein Teil ihrer Identität.

Da verwundert es umso mehr, dass und wie ohne offenen Widerspruch von kirchenleitenden Persönlichkeiten sich die Kirchen der staatlichen Anordnung gefügt haben, auf Gottesdienste zu verzichten. Hierbei geht es auch um die juristisch nicht eindeutig geklärte Frage, ob der Staat überhaupt befugt ist, die immerhin als Grundrecht festgeschriebene freie Religionsausübung auch nur zeitweise zu verbieten. Zudem hielten viele Gemeinden ihre Kirchen dauernd und selbst sonntags verschlossen; stille Gebete vor dem Altar etwa oder das Anzünden von Bittkerzen waren somit nicht möglich.

In den ersten Monaten der Pandemie in unserem Lande waren so gut wie keine öffentlichen Klagen darüber zu hören, dass Menschen auf Trost und Erbauung in Gottesdiensten verzichten mussten, zur gleichen Zeit aber Baumärkte geöffnet waren. Baumärkte und auch Blumengeschäfte galten damit offenbar als systemrelevant, die Kirchen anscheinend als systemirrelevant. Als es später Lockerungen gab, war es nicht eine Kirchenleitung, sondern die Bild-Zeitung, die in der ihr eigenen publikumswirksamen Weise auf ihrer Titelseite einen frappanten Widerspruch aufspießte: „Härtere Corona-Regeln in der Kirche als im Puff. Singen verboten, aber Sex ist erlaubt!“[78]

Und selbst als unter strengen Auflagen Gottesdienste wieder erlaubt waren, hielten viele Gemeinden mit theologisch kaum überzeugenden Begründungen an ihrer Praxis fest. In unserer Stadt beispielsweise fanden zu Weihnachten 2020 in keiner der evangelischen Kirche Gottesdienste statt, so dass wir Zuflucht unter dem Schatten der Flügel eines schönen katholischen Gottesdienstes gefunden haben. – Peter Frey, Chefredakteur des ZDF und Mitglied im Zentralkomitee der deutschen Katholiken, beklagt mit spürbarer Trauer:

„Und es ist auch eine Zumutung, dass die Kirche denen, die noch in ihr glauben wollen, gerade so wenig Raum bietet, zusammenzukommen. Es gibt wenig Platz für Klagen, Wut und Trauer, wenig Trost für das, was wir erleiden, wenig Impulse für Gemeinschaft, um besser durchzukommen, wenig Verbindung. Ich erlebe in Corona-Zeiten eine Kirche, die verzagt auf Tauchstation geht, die die Türen zumacht, an Ostern sogar auf die Feier ihrer heiligsten Feste verzichtet, bereitwillig staatsloyal, aber ohne sichtbare Trauer über den Verlust. Die Entschlossenheit, keine Sonderrolle für sich zu fordern, ist so groß, dass sie dabei auch ihre Kernaufgaben vernachlässigt, nicht nur im liturgischen Angebot, sondern auch in Fürsorge und Beistand für die von der Pandemie bedrängten Menschen.“[79]

Nur verhalten grummelnd wurde es hingenommen, dass mancherorts lediglich fünf Angehörige an Trauerfeiern am Grab teilnehmen durften, während zur gleichen Zeit fünfzig Menschen in Supermärkten einkaufen konnten. Oft war als eigenartige Begründung für die kirchliche Zurückhaltung zu hören: „Wir üben Nächstenliebe durch Distanz." Eine nur anscheinend elegante Formulierung, verschleiert sie doch die von vielen Betroffenen und Angehörigen als lieblos und unbarmherzig empfundene Wirklichkeit. Wie auch immer eine solche Distanz versuchsweise theologisch begründet wurde, von Alleingelassenen wurde sie als Distanziertheit erlebt.

Schwer Erkrankte oder gar Sterbende in Kliniken oder Pflegeeinrichtungen blieben weithin ohne das Angebot seelsorglicher Begleitung. Das Seelenheil galt offenbar als nicht so wichtig wie die körperliche Heilung. In den Augen nicht weniger machte sich die Kirche damit schuldig an jenen unmittelbar Betroffenen, die das anders empfanden, mochten sie auch in der Minderheit sein. Wenn in Zeiten vor Corona pastorale Besuche auf Intensivstationen in entsprechender Schutzkleidung möglich waren, warum sollte Vergleichbares unter den Bedingungen von Corona unmöglich sein? Und wie konnte man anstelle von Systemrelevanz in der Tat zutreffender von Existenzrelevanz reden, wenn beispielsweise in einem Kirchenkreis die Notfallseelsorge zeitweise eingestellt wurde, um Mitarbeitende zu schützen? Dabei wurden und werden Notfallseelsorgerinnen und Notfallseelsorger mit der gleichen Schutzkleidung ausgestattet wie die (freiwillige) Feuerwehr, deren Einsatzbereitschaft in jeder Situation fraglos einfach vorausgesetzt wird. Von Feuerwehrleuten wird geradezu erwartet, dass sie dort hingehen und helfen, wo Gefahr besteht, wo andere zu Recht weglaufen und sich in Sicherheit bringen. Vergleichbares gilt auch für das Personal von Kliniken und Pflegediensten.

Alles das waren (und sind?) Anzeichen für verzagende Gemeinden und Kirchen. Wohl, hier erfolgte keine selbstgewählte Flucht, aber das staatliche Verbot, identitätsmarkierende Teile des pastoralen Berufes auszuüben, hatte doch gewisse Anteile einer akzeptierten Vertreibung. Jedenfalls war zeitweise wenig zu spüren von der vollmundigen Gewissheit aus 2. Timotheus 1,7: „Gott hat uns nicht gegeben den Geist der Furcht, sondern der Kraft und der Liebe und der Besonnenheit."

An eine eindrückliche Erzählung aus der „Pest" sei noch erinnert: In seiner zweiten Predigt warnt Pater Paneloux davor, die Vorsichtsmaßnahmen der Gesellschaft rundweg abzulehnen. Gleichwohl beharrt er darauf, ein Christenmensch und zumal ein Priester müsse seiner Aufgabe treu bleiben. Natürlich haben auch Pfarrerinnen und Pfarrer geradezu die Pflicht, sich selbst vor Infektionen zu schützen, aber das darf nicht zur beruflichen Isolierung von Betroffenen führen.

Paneloux berichtet vom Bischof Belsunce, der im 18. Jahrhundert in Marseille wirkte. Als ihm sein Kampf gegen die in der Stadt wütende Pest aussichtlos erschien, verschanzte er sich in seiner Residenz. Die aufgebrachte Bevölkerung legte daraufhin Pestleichen vor sein Haus, um auch ihn anzustecken, und warf dabei sogar einige der Toten über die Mauern des Anwesens (258). – Sehr zugespitzt und polemisch formuliert: Wahrscheinlich legt man Pfarrerinnen und Pfarrern im übertragenen Sinne heutzutage deshalb keine Pestleichen mehr vor das Haus, weil die Mehrheit der Bevölkerung von der Kirche sowieso nicht mehr viel Hilfreiches erwartet.

Kirche als existenz- und systemrelevant

Gelegentlich wurde vor allem zu Beginn der Corona-Zeiten der Verzicht auf Gottesdienste auch von Leitenden begründet durch den Hinweis, man sei als Kirche ja nicht systemrelevant. Dieses Argument ist fadenscheinig, weil in gleich doppelter Weise fragwürdig. Zum einen werden hier offenbar lediglich Einrichtungen von Produktion, Wirtschaft, Banken, Gesundheit und Versorgung als systemrelevant betrachtet. Bereiche, die dem allgemeinen Wohlbefinden dienen, wie etwa Sport, Kultur und Religion, haben danach lediglich nachgeordnete Systembedeutung. Für ein gesellschaftliches und politisches System wie das der Bundesrepublik sind allerdings nicht allein menschliche Grundbedürfnisse wie Nahrung, Wohnen und Sicherheit relevant, sondern auch soziale und individuelle Bedürfnisse. Allein von daher erstaunt es, dass sich Kirchen und Gemeinden tatsächlich als nicht-systemrelevant verstehen können.

Zum anderen besteht ein dem christlichen Glauben unaufgebbarer Auftrag darin, „Salz der Erde“ (Matthäus 5,13) und somit systemrelevant zu sein. Salz macht Nahrung genießbar und haltbar, und eine Aufgabe der Kirche besteht darin, den gesellschaftlichen Zusammenhalt zu fördern und eine Gesellschaft dadurch *genießbar* zu machen, indem sie sich einem primär wirtschaftlich ausgerichteten Gesellschaftsverständnis entgegenstellt. Wenn die christliche Gemeinde darauf verzichtet, ihre für die Gesellschaft relevanten Werte in diese einzustreuen, verfehlt sie eine ihrer Aufgaben; dann droht es ihr so zu gehen, wie dem Salz in jenem Bildwort Jesu: „Es ist zu nichts mehr nütze, als dass man es wegschüttet.“

Der Behauptung, die Kirche sei nicht systemrelevant, wird dann regelmäßig gleichsam als Trost hinzugefügt, sie sei aber existenzrelevant. Das ist eine befremdliche Unterscheidung, denn die Erfüllung existentieller und sozialer Bedürfnisse trägt ja auf Dauer wesentlich zur Akzeptanz und zum Bestehen eines gesellschaftlichen Systems bei. Gewiss liegt genau in diesem gesellschaftlichen Segment eine besondere Stärke der Kirche, und genau das sollte sie darum selbstbewusst und ohne Selbstverkleinerung vertreten. Die kirchlichen Angebote sind systemrelevant; das merkt man allein daran, dass in besonderen Krisensituationen besondere Gottesdienste staatlicherseits begrüßt und erwartet werden.

Nicht zuletzt muss ein weiteres Argument genannt werden: Die Kirche ist systemrelevant, weil und indem sie über ihre Diakonie in deren medizinischen, pflegerischen, betreuenden und beratenden Angeboten als einer der größten Arbeitgeber hierzulande einen wesentlichen Beitrag leistet zur Befriedigung menschlicher Grundbedürfnisse in Kliniken, Pflegeeinrichtungen, Hospizen, Betreuungsangeboten, Werkstätten und Beratungsstellen. Allein dadurch zählt die Kirche zu den systemrelevanten Säulen unseres Wohlfahrtsstaates. Nun kann man einwenden, dass eine dergestalt verstandene Diakonie nicht unbedingt mit Kirche gleichzusetzen ist; eigentliche Kirche geschehe danach durch Verkündigung des Wortes Gottes und in der Feier von Taufe und Abendmahl. Allerdings hat 1948 die Evangelische Kirche in Deutschland in ihrer Grundordnung ausdrücklich festgehalten, dass die Diakonie eine „Wesens- und Lebensäußerung der Kirche“[80] ist, ohne dass dies überall in Kirche und Diakonie verinnerlicht wurde und wird.

Zugespitzt bedeutet diese Formel: Zum Wesen und Leben der Kirche gehört die Diakonie. Nur mit der Diakonie lässt sich begründet von Kirche sprechen. Verliert die Kirche ihre diakonische Ausdrucksform, verliert sie einen Wesensteil ihrer selbst. Und verliert die Diakonie ihren Bezug zur Kirche, verliert sie die theologische Begründung ihres Auftrags. Im Bild gesprochen: Kirche und Diakonie machen die beiden Seiten der Glaubensmedaille aus. – Es ist somit schlicht unverständlich, dass gewichtige kirchliche Stimmen offenbar ohne hinreichende Berücksichtigung sowohl des neutestamentlichen Salz-Auftrages als auch der engen Kirche-Diakonie-Verbindung davon reden können, die Kirche sei nicht systemrelevant, dafür aber existenzrelevant.

Wagende Kirche und Diakonie

Es ist erfreulich und ermutigend, dass es neben den beschriebenen Versäumnissen auch Gemeinden gab und gibt, die sich – um es mit Bonhoeffers Worten zu sagen – durch ein bewegliches und wagendes Handeln auszeichnen. Gruppen und Kreise trafen und treffen sich weiter – teilweise digital, Gottesdienste kommen per Telefon, per Video oder als schriftlicher Impuls ins Haus, kleine Chöre singen oder musizieren vor Pflegeeinrichtungen oder Wohnblöcken. Überraschungstüten zu Weihnachten sowie zur Passions- und Osterzeit geben unter anderem Anregungen für Andachten zu Hause. Angeboten und gerne angenommen werden verstärkt Hausbesuche, oft verbunden mit kleinen Andachten. Zuspruch finden auch Gottesdienste im Freien oder gar in Autokinos.

Die Digitalisierung des kirchlichen Lebens ist auf Dauer nur begrenzt ein Ersatz, weil selbst bei trockenen Sitzungen, mehr aber noch bei Gemeindekreisen und Gottesdiensten der persönliche Kontakt, das gemeinsame Beten und Singen, ja auch die Gespräche nebenbei fehlen. Die besondere Atmosphäre eines Taizé-Gottesdienstes etwa ist nur im persönlichen Miteinander erlebbar. Und in eine Gemeinde hineingewachsen oder auch zum Glauben gekommen sind Menschen in der Regel deshalb, weil sie persönliche Gemeinschaft erlebt haben.

Ein jüngerer Pfarrer erläutert mir, dass seine zu Corona-Zeiten in YouTube eingestellten halbstündlichen und durchaus mediengerecht gestalteten Kurzgottesdienste von mehr Menschen aufgerufen werden, als sonst sonntags die Kirche besuchen. Das dürfe aber nicht überbewertet werden. Wer ein Video einstellt, kann nämlich über Google Statistik eine Fülle von Nutzerinformationen abrufen. Da wird dann vor Augen geführt, dass nur zwischen dreißig und vierzig Prozent der Aufrufenden sich die ganze halbstündige Sendung anschauen. Die durchschnittliche Verweildauer beträgt lediglich neun Minuten. Fast dreißig Prozent der Nutzer verlassen innerhalb der ersten Minute das Video; weitere steigen bereits in den ersten sieben Minuten aus. Das alles sind Werte, die auch andere Kolleginnen und Kollegen bestätigen. – Der Erfolg digitaler Gottesdienste darf also nicht überbewertet werden. Gleichwohl: Besser digitalisierte Gottesdienste als gar keine. Digitalisierung ist eine Notlösung, aber keine Dauerlösung.

Manche Gemeinden haben selbst in Zeiten, als kein Sonntagsgottesdienst stattfinden durfte, gleichwohl ihre Kirche offengehalten und die Altarkerzen angezündet. Bei nicht wenigen war ansprechbereit eine Pfarrerin oder ein Pfarrer zugegen. Als der Organist einer Gemeinde das hörte, erklärte er sich spontan bereit, bei diesen Gelegenheiten meditative Orgelmusik zu spielen. Und er erzählte mir von einer originellen Idee seines Pfarrers, wie die Gemeinde später, als Gottesdienste wieder erlaubt waren, Abendmahl feierte, obwohl noch dringend davon abgeraten wurde: Die Elemente des Abendmahls sind Brot und Weintrauben, und darum wurden Stücke von beides beinhaltendem Rosinenbrot gereicht.

Als nur sehr wenige Menschen an den vor der Trauerhalle abzuhaltenden Trauerfeiern teilnehmen durften, erwähnte beim Trauergespräch die Pfarrerin die jeweils gültige Zahl von fünf oder zehn. Und dann ergänzte sie, dass häufig an Gräbern in der Nähe Menschen standen, die sie natürlich nicht mitzählen würde. Dieser Hinweis wurde immer verstanden. Bei Trauerfeiern fanden sich dann in angemessenen Abstand häufig an nahegelegenen Grabstellen weitere Trauergäste ein.

Menschen in Pflegeeinrichtungen zu besuchen und vor allem Sterbende zu begleiten, war lange Zeit selbst Seelsorgerinnen und Seelsorgern verboten. Einige Heime erklärten diese kurzerhand offiziell zu Mitarbeiterinnen oder Mitarbeitern. Ähnlich haben barmherzige Ärzte es Angehörigen ermöglicht, unter Wahrung aller Schutzmaßnahmen von Sterbenden Abschied zu nehmen.

Eindrücklich sind die Erfahrungen einer diakonischen Altenpflege-Einrichtung. Von den 60 Bewohnerinnen und Bewohnern erkrankten 19 an Corona, 9 von ihnen verstarben. Ein Großteil der Mitarbeitenden musste in häusliche Quarantäne. Um die Versorgung im Hause sicherzustellen, meldeten sich Mitarbeitende aus anderen Einrichtungen; sie gingen trotz der Bedenken von Familienangehörigen ein persönliches Risiko ein. Manche isolierten sich freiwillig auch privat, um ihre Angehörigen zu schützen. Ihnen allen war es ein Anliegen, die Mitarbeitenden dieser gebeutelten Einrichtung, vor allem aber die Bewohnerinnen und Bewohner zu unterstützen. Auf diese Weise wurde eine palliative Begleitung sichergestellt. Niemand musste allein und hinter verschlossenen Türen sterben. Und es wurde sogar den betreffenden Angehörigen ermöglicht, sich von den Sterbenden zu verabschieden. – Dieses Beispiel zeigt, dass auch in Corona-Hochzeiten vieles möglich und zu verantworten war, wenn man es denn wollte. Hier machte Not nicht nur erfinderisch, sondern auch solidarisch.

Wohl, das sind zumeist Ausnahmen, die aber möglich waren und die als Beispiel für die Zukunft dienen können. Sie sind zudem eine gegenwärtige Illustration dessen, was Rieux zu Beginn der Pestepidemie verärgert seinem zögerlichen Präfekten antwortet, der erst nach erfolgten Anweisungen handeln will: „Anweisungen! Nötig wäre Phantasie." (75)

Auftrag der Kirche

Die Corona-Krise stellt vieles infrage. Selbstverständlich gewordene Lebensgewohnheiten – wie beispielsweise Reisen, Urlaube, Besuche von Gastronomie oder Kulturveranstaltungen, Einkaufen – waren zeitweise nur arg eingeschränkt oder gar nicht möglich. Manche empfinden die Corona-Pandemie als Weckruf, der zu einer Selbstbesinnung führt: Brauche ich das alles wirklich? Kann ich mit weniger leben? Was ist mir wichtig geworden?

Auch Kirchengemeinden müssen sich ähnlichen Fragen stellen: Was von all unseren Aktivitäten ist unaufgebbar wichtig? Wo erkennen wir Versäumnisse? Welche Chancen für Neues sehen wir? Dabei geht es auch um die Frage eines uns von anderen gesellschaftlichen Akteuren unterscheidbaren Profils – um unsere christlichen Identitätsmarker. Beschränken will ich mich im Folgenden auf jene, die sich für mich aus einigen der oben vorgestellten belletristischen Werke ergeben.

Erst auf den zweiten Blick hat mich die von Boccaccio vorgestellte Gruppe der zehn jungen Leute beeindruckt. Sie verlassen ihr Umfeld, gehen in Klausur und erproben eine Art von Miteinander, wie es zu ihrer Zeit noch unüblich war, bleiben damit aber nicht dauerhaft unter sich, sondern kehren zurück in ihr je eigenes Lebensumfeld. Sie wirken damit stilbildend, sind Vorläufer der Renaissance. In ähnlicher, dabei inhaltlich jedoch anderer Weise haben immer wieder in der Geschichte der Kirche wie auch der Gesellschaft anfänglich sehr kleine Menschengruppen einen anderen Lebensstil, eine andere Art des Miteinanders ausprobiert – was auf andere und manchmal auf viele ansteckend wirkte.

Der Name von zwei der großen die Neuzeit prägenden Bewegungen fängt mit Re-, also mit ‚zurück', an: Renaissance und Reformation. Beide suchten Orientierung an Jahrhunderte alten Traditionen, die Renaissance an der griechischen und römischen Antike, die Reformation an der Bibel. Beide versuchten, sie nicht einfach zu kopieren, sondern machten sie neu fruchtbar für ihre Zeit. Das ist eine bleibende Aufgabe für Christenmenschen. Und es ist gut, wenn kleine Gruppen dabei mutige Vorreiter sind. Corona macht ebenso wie der Klimawandel deutlich, dass es so wie bisher nicht weitergehen darf. Wie soll es aber weitergehen? Für die christliche Gemeinde gilt, sich wieder neu auf die biblische Botschaft einzulassen.

Jesus sagt in Johannes 18,36: „Mein Reich ist nicht von dieser Welt.“ In seinen Reden, seinen Gleichnissen und seinem Handeln stellt er das von ihm verkündigte und vorgelebte Reich Gottes dar als ein Reich des Friedens und der Gerechtigkeit. Die Bergpredigt in Matthäus 5-7 und vor allem die Seligpreisungen Matthäus 5,3-10 beschreiben, wie das Leben von Menschen hier und heute aussehen könnte, wenn sie auf Gottes Reich hoffen. Es sind Regeln eines Miteinanders genannt, die nicht von einem Gegeneinander oder einem Immer-Mehr bestimmt sind. Hier wird mit der grundsätzlichen Gleichheit aller Menschen vor Gott Ernst gemacht. Diese meint etwas anderes als die literarisch beschriebene Gleichheit aller in Zeiten der Pest; sie beinhaltet unabhängig von allen Unterschieden die Gleichwertigkeit aller Menschen; Dürrenmatt veranschaulicht das mit seiner Satire.

Wer sich auf diese von Jesus in Gang gesetzte Bewegung einlässt, erlebt Neues. Paulus schreibt in 2. Korinther 5,17: „Ist jemand in Christus, so ist er eine neue Kreatur; das Alte ist vergangen, siehe, Neues ist geworden.“ Dieses Neue hat Auswirkungen auf das gesamte Leben. Paulus erinnert daran in Römer 8,19: „Das ängstliche Harren der Kreatur wartet darauf, dass die Kinder Gottes offenbar werden.“ Die Kreatur, also die Schöpfung Gottes, wird hier fast personalisiert, jedenfalls als leidend beschrieben. Wie dieses Leiden aussieht, führen die Nachrichten über Klimawandel, Natur- und Umweltkatastrophen sowie Epidemien, ganz zu schweigen von Kriegen und Hungerkatastrophen, täglich vor Augen. Bleibend aktuell ist darum ein Auftrag aus der biblischen Schöpfungsgeschichte: „Und Gott der Herr nahm den Menschen und setzte ihn in den Garten Eden, dass er ihn bebaute und bewahrte.“ (Genesis 2,15) Bebauen und bewahren, also gerade nicht ausbeuten und schädigen oder gar zugrunde richten. Um an Paulus anzuknüpfen: Gott erwartet von seinen Kindern, dass sie sich ihrer Umweltverantwortung stellen, dass sie Raubbau und Tierwohl ernst nehmen, dass sie das ihnen Mögliche unternehmen, nicht länger gegen die Natur, sondern mit ihr zu leben, dass sie bereit sind, dies alles anzustreben trotz der eventuell damit verbundenen eigenen Unbequemlichkeiten. Shelley und Ironmonger äußern erzählend ähnliche Erwartungen und Forderungen.

Dieser biblische Zusammenhang von Mensch und Schöpfung hat eine erstaunliche Parallele in der griechischen und römischen Philosophie der Stoiker; eine wechselseitige Beeinflussung ist nicht nachweisbar. Das Denken der Stoa entwickelte sich ab 300 vor Christus. Zenon formulierte als eines der stoischen Ziele, vernunftgeleitet in Übereinstimmung mit der Natur zu leben. Ein bedeutender Vertreter der Stoa im Römischen Reich war Seneca, ein Zeitgenosse Jesu. Er formulierte knapp und einprägsam: „Secundum naturam vivere". „Die Natur muss man zur Führerin nehmen; auf sie richtet die Vernunft ihr Augenmerk, bei ihr holt sie sich Rat. Glückselig und naturgemäß leben ist ein und dasselbe."[81] – Dass diese Forderung immer wieder und über Jahrhunderte hinweg von Stoikern in Erinnerung gerufen wurde, dürfte daran liegen, dass der Mensch dazu neigt, oft eher andere Prioritäten zu setzen. In ihren Auswirkungen ist diese Forderung nicht gerade bequem, beinhaltet sie doch eine demütige Haltung der Natur und Umwelt gegenüber.

Ähnliches gilt auch im Blick auf das Leben und die Lehre Jesu. Paulus weiß sehr wohl: Für die einen ist der gekreuzigte Christus „ein Ärgernis", für die anderen „eine Torheit" (1. Korinther

1,23). Das ist heute nicht anders – was viele erfahren, die sich zu orientieren versuchen an der Radikalität Jesu, und die diese begreifen als Aufforderung zur Umkehr.

In der vorgestellten Literatur sind es immer wieder einzelne oder kleine untereinander solidarische Gruppen, die sich der Pest und dem damit verbundenen sittlichen Verfall entgegenstemmen. Gleichwohl können sie zu einem Hoffnungszeichen werden für andere. Durch die besondere Art ihres Miteinanders zeigen sie, dass ein anderes und besseres Leben möglich ist. Sie können damit als Minderheit heilsam einwirken auf die Mehrheit. Jesus nennt solche Menschen „Salz der Erde“ (Matthäus 5,13). Und sie können ausstrahlend anderen Menschen Orientierung bieten. Jesus nennt sie darum „Licht der Welt“ (Matthäus 5,14). Diese Menschen sind eine Avantgarde Gottes. Sie sind Gottes „Vortrupp des Lebens“[82].

Noch einmal: Epidemien ‚wollen‘ uns nichts lehren. Aber sie geben Christenmenschen Anlass, im Gespräch mit der biblischen Tradition aus ihnen Lehren zu ziehen für ihr Leben als Einzelne wie als Gemeinde. Epidemien sind also zu verstehen als Kairos. Im Altgriechischen ist ein Kairos eine günstige Gelegenheit zum Handeln. Im Neuen Testament wird Kairos verstanden als ein von Gott geschenkter besonderer Zeitpunkt, der eine Chance bietet für neue Erkenntnisse und zum entschlossenen Handeln. In ähnlicher Weise verstehen einige der vorgestellten Autoren Epidemien als über sich hinausweisende deutungsbedürftige Zeichen. Ja, Corona ist ein „Zeichen der Zeit“ (Matthäus 16,3), ein Kairos, den zu verstehen, zu deuten und in ein entschlossenes kluges Handeln münden zu lassen, ein Wagnis bleibt – dem Christenmenschen sich jedoch nicht entziehen dürfen.

Skeptisch-verwegene Hoffnung

Die angedeuteten aus dem Zeichen Corona zu ziehenden Konsequenzen werden erfahrungsgemäß nicht überall auf Gegenliebe stoßen. Mit einer vergleichbar skeptischen Einschätzung endet die „Pest". Sie passt leider allzu gut in unsere Gegenwart, in der nicht wenige – trotz der eindrücklichen Warnungen von Virologen – meinen, nach Corona könne das Leben so weitergehen wie zuvor. Dr. Rieux „wusste, was dieser Menge im Freudentaumel unbekannt war und was man in Büchern lesen kann, dass nämlich der Pestbazillus nie ausstirbt und nie verschwindet ... und dass vielleicht der Tag kommen würde, an dem die Pest zum Unglück und zur Belehrung der Menschen ihre Ratten wecken und zum Sterben in eine glückliche Stadt schicken würde." (350)
Diese eher realistische als optimistische Einschätzung hat eine Parallele im skeptischen alttestamentlichen Weisheitsbuch Kohelet; dort heißt es: „Was geschehen ist, eben das wird hernach sein. Was man getan hat, eben das tut man hernach wieder, und es geschieht nichts Neues unter der Sonne." (1,9)

Die vorgestellten Erzählungen von Epidemien haben fast alle kein Happyend. Das Happyend des Romans von Ironmonger ist unrealistisch. Anders verhält es sich bei dem von Boccaccio erzählten Beenden der elitären Abgeschiedenheit in Fiesole. Die Zehn kehren mit einer neuen Lebenssicht in ihre bisherige Umwelt zurück. Wenn man sich die Erzählung fortgeschrieben denkt: Die Geschichte zeigt, dass sie dort Einfluss genommen und die Entwicklung zur Renaissance tatsächlich mit beeinflusst haben. Ob uns Heutigen ähnliches möglich sein wird? Ausgeschlossen ist das nicht.

In biblischer Sprache ausgedrückt: Wir leben trotz manch widersprechender Erfahrungen mit der Verheißung, einmal rückblickend sagen zu können, dass wir „nicht vergeblich gelaufen“ sind, „noch vergeblich gearbeitet“ haben (Philipper 2,16). Das ist eine zwar skeptische, aber nicht unbegründete und darum: verwegene Hoffnung.

Anmerkungen

[1] Friedrich Nietzsche: Unzeitgemäße Betrachtungen. Zweites Stück. Vom Nutzen und Nachteil der Historie für das Leben; in ders.: Werke in drei Bänden I, hg. von Karl Schlechta; München 1966, 213.

[2] Giovanni Boccaccio: Das Dekameron. In der Übertragung von Karl Witte, durchgesehen von Helmut Bode. Nachwort von Winfried Wehle; Neuausgabe Düsseldorf / Zürich 1999.

[3] Winfried Wehle: Nachwort (zum Dekameron), 863.

[4] Siehe zu diesem Absatz Heinrich Dormeier: Die Flucht vor der Pest als religiöses Problem; in: Laienfrömmigkeit im späten Mittelalter. Formen, Funktionen und politisch-soziale Zusammenhänge, hg. von Klaus Schreiner; München 1992, 331-397.

[5] Winfried Wehle, 861.

[6] A.a.O., 876.

[7] Daniel Defoe: Die Pest in London. Aus dem Englischen von Rudolf Schaller; Salzburg und Wien 2020.

[8] Mary W. Shelley: Der letzte Mensch. Vollständige Ausgabe in einem Band. 2018 übersetzt von Maria Weber; Books on Demand, Norderstedt.

[9] Jean Paul: Blumen-, Frucht- und Dornenstücke oder Ehestand, Tod und Hochzeit des Armenadvokaten F. St. Siebenkäs; in ders.: Werke in drei Bänden. Herausgegeben von Norbert Miller. Band I; München 1969, 641-645, Zitat 645.

[10] Alessandro Manzoni: Die Verlobten. Roman. Deutsch von Alexander Lernet-Holenia; Zürich 1958.

[11] Das berichtet Guiseppe Zoppi in seiner den „Verlobten" beigefügten „Lebenschronik", a.a.O., 780.

[12] Edgar Allan Poe: Die Maske des roten Todes; in ders.: Gesammelte Werke in 5 Bänden. Band II: Der Fall des Hauses Ascher. Erzählungen. Aus dem Amerikanischen von Arno Schmidt und Hans Wollschläger; Zürich 1999, 376-384.

[13] Edgar Allan Poe: König Pest. Eine nicht unallegorische Geschichte; in ders.: Gesammelte Werke in 5 Bänden. Band I: König Pest. Erzählungen. Aus dem Amerikanischen von Arno Schmidt und Hans Wollschläger; Zürich 1999, 229-246.

[14] Jens Peter Jacobsen: Die Pest in Bergamo; in ders.: Ein Schuß im Nebel und andere Novellen. Aus dem Dänischen übertragen von Richard Maurice Baring; München 1982, 76-85.

[15] Thomas Mann: Der Tod in Venedig und andere Erzählungen; Fischer Taschenbuch 90027, Frankfurt am Main 2008, 173-254.

[16] Albert Camus: Die Pest. Roman. Deutsch von Uli Aumüller; rororo 22500, Reinbek bei Hamburg, 100. Auflage Januar 2021. – Grafisch überzeugender als diese Ausgabe war der Umschlag des ab 1950 erhältlichen rororo-Bandes 15 mit der Übersetzung von Guido G. Meister gestaltet: auf einer hauptsächlich in Pestgelb skizzierten Straßenansicht steht in handgeschriebenen breiten Großbuchstaben drohend das Titelwort „DIE PEST“.

[17] 1942 hat sich Camus mit 15 alttestamentlichen – davon neun prophetischen – Textstellen befasst, die allesamt eine Pest oder ähnliche Plagen als Strafe Gottes ankündigen; typisch dafür ist die dabei erstgenannte aus 5. Mose 28,21: „Der Herr wird dir die Pest anhängen, bis er dich vertilgt hat in dem Lande, in das du kommst, es einzunehmen.“ Vgl. Albert Camus: Tagebücher 1935-1951. Aus dem Französischen übertragen von Guido G. Meister; rororo 1474, Reinbek bei Hamburg ^{3}1976, 161. – Während seines Schreibens an der „Pest“ hat Camus sich von einem Theologen das biblische Verständnis von Plagen und Pest erklären lassen; vermutlich hat er jene Textstellen in diesem Zusammenhang notiert.

[18] Bedeutungstiefer war hier die ältere Übersetzung (siehe Anmerkung 16) mit ihrer auch aus der Trauliturgie vertrauten sprachlichen Übernahme von Matthäus 19,6 „... kann Gott selber uns nicht schei-

den“ (129). Die im französischen Text stehende Vokabel résister, die übrigens auch im Nouveau Testament zur Stelle steht, kann in beiderlei Übersetzungen wiedergegeben werden.

[19] In der Übersetzung steht fälschlicherweise „deren“.

[20] In der ersten Fassung der „Pest“ sollte ein junger Priester angesichts des Leides seinen Glauben verlieren; vgl. Albert Camus: Tagebücher 1935-1951, 117, Anm. 3. Dann aber wäre die in der Endfassung durchgehaltene Spannung verlorengegangen, dass unverständliches Leid nicht zum Verlust des Glaubens führen muss, und Rieux hätte seinen dramaturgischen Gegenpol verloren.

[21] A.a.O., 164, Ende 1942 oder Januar 1943.

[22] Zitiert bei Olivier Todd: Albert Camus. Ein Leben. Deutsch von Doris Heinemann; Reinbek bei Hamburg 1999, 361.

[23] A.a.O., 606.

[24] Vgl. Hanna Schott: Von Liebe und Widerstand. Magda und André Trocmé; Schwarzenfeld [3]2014, bes. 157-216.

[25] Vgl. a.a.O., 212-214; Olivier Todd, 351f.

[26] Vgl. Iris Raddisch: Camus. Das Ideal der Einfachheit. Eine Biographie; rororo 62801; Reinbek bei Hamburg 2014, 15-17.

[27] A.a.O., 226.

[28] Vgl. Olivier Todd, 101-110.

[29] A.a.O., 102; Auslassungspunkte im Original.

[30] A.a.O., 816.

[31] A.a.O., 455.

[32] Albert Camus: Tagebücher 1935-1951, 222, vermutlich Mitte 1946. Diese Behauptung allerdings ist sachlich nicht haltbar. Nemo bonus = Niemand ist gut.

[33] Dietrich Bonhoeffer: Widerstand und Ergebung. Briefe und Aufzeichnungen aus der Haft. Hg. von Eberhard Bethge; München 1966, 207.

[34] Albert Camus: Tagebuch. März 1951 - Dezember 1959. Aus dem Französischen übertragen von Guido G. Meister; Reinbek bei Hamburg 1991, 155, 1.11.1954.

[35] Vgl. Albert Camus: Der Mythos von Sisyphos. Ein Versuch über das Absurde (1942). Deutsch von Hans Georg Brenner und Wolfdietrich Rasch; in ders.: Das Frühwerk. Mit einem Nachwort von François Bondy; Düsseldorf 1967, 401-535, bes. 397-403: Das Absurde und der Selbstmord.

[36] Andrzej Szczypiorski: Eine Messe für die Stadt Arras. Roman. Aus dem Polnischen von Karin Wolff; Zürich 1988.

[37] Dietrich Bonhoeffer: Nachfolge; München 1961, 14.

[38] Der Universalgelehrte Gottfried Leibniz erläutert 1710 in seiner Schrift „Theodizee", dass Gott trotz ihrer offensichtlichen Übel von allen möglichen Welten die beste erschaffen hat. 1759 widerspricht ihm Voltaire mit seiner satirischen Novelle „Candide oder die beste aller Welten".

[39] Franz Overbeck: Christentum und Kultur. Gedanken und Anmerkungen zur modernen Theologie. Aus dem Nachlaß herausgegeben von Carl Albrecht Bernouilli (1919); Darmstadt 1963, 19.

[40] Gabriel García Márquez: Die Liebe in den Zeiten der Cholera. Roman. Aus dem Spanischen von Dagmar Ploetz; Köln 1987.

[41] José Saramago: Die Stadt der Blinden. Roman. Deutsch von Ray-Güde Mertin; Reinbek bei Hamburg 1997.

[42] Es gehört zu den stilistischen Eigenarten Saramagos, Kommata gelegentlich wie Satzpunkte zu verwenden.

[43] José Saramago: Das Evangelium nach Jesus Christus. Roman. Aus dem Portugiesischen von Andreas Klotsch; Reinbek bei Hamburg 1993, 511.

[44] Fjodor M. Dostojewski: Die Brüder Karamasoff. Roman (1880). Aus dem Russischen übertragen von E. K. Rahsin; München 1952, 516 (6. Buch, III f.). – Zitiert wird dieser Satz zumeist als: „Wenn es Gott nicht gibt, so wäre alles erlaubt.“ Eine genaue Fundstelle wird dann nicht genannt, vielmehr finden sich dann Formulierungen wie ‚Dostojewski hat gesagt‘, ‚soll geschrieben haben‘, ‚wird der Satz zugeschrieben‘, bestenfalls ergänzt durch einen Hinweis auf diesen Roman.

[45] Vgl. Jean Paul Sartre: Ist der Existenzialismus ein Humanismus? (1946); Frankfurt am Main 1968.

[46] Steward O’Nan: Das Glück der anderen. Roman. Deutsch von Thomas Gunkel; rororo 23430, Reinbek bei Hamburg 2003. – Der deutsche Titel ist gänzlich unpassend, angemessen hingegen der amerikanische: „A Prayer for the Dying“.

[47] Cormac McCarthy: Die Straße. Roman. Deutsch von Nikolaus Stingl; rororo 24600, Reinbek bei Hamburg ^{10}2016.

[48] Erich Auerbach: Mimesis. Die dargestellte Wirklichkeit in der abendländischen Literatur; Bern ^{2}1959, 5-27; das folgende Zitat 18f.

[49] Philip Roth: Nemesis. Roman. Aus dem Amerikanischen von Dirk van Gunsteren; München 2011.

[50] In Deutschland gibt es neben wenigen Zeitzeugnissen in Briefen oder Tagebüchern nur noch Erinnerungen aus zweiter Hand, wenn sich alte Menschen an die Erzählungen ihrer Eltern oder Großeltern erinnern. Von beiden Formen berichtet und zitiert Jörg Burger: „Bekommt ihr auch Alkohol gegen die Grippe?“; ZEITmagazin Nr. 52 vom 10.12.2020, 44-52.

[51] Makiia Lucier: Das Fieber. Aus dem Englischen von Katharina Diestelmeier; Hamburg 2015.

[52] John Ironmonger: Der Wal und das Ende der Welt. Roman. Aus dem Englischen von Tobias Schnettler und Maria Poets; Frankfurt am Main 2019.

[53] Ljudmila Ulitzkaja: Eine Seuche in der Stadt. Szenario. Aus dem Russischen von Ganna-Maria Braungardt; München 2021.

[54] Friedrich Dürrenmatt: Die Virusepidemie in Südafrika; DIE ZEIT Nr. 51 vom 7.12.2020, 26.

[55] Das doppelte s steht jeweils im Text, da ein ß in der Schweiz ungebräuchlich ist.

[56] www.archives.gov/founding-docs/declaration-transcript (eingesehen am 2.11.2021).

[57] Thea Dorn: Trost. Briefe an Max; München 2021.

[58] Theodor W. Adorno: Minima Moralia. Reflexionen aus dem beschädigten Leben; Bibliothek Suhrkamp 236, Frankfurt am Main 1997, 42 (Aphorismus 18).

[59] Diese Sätze in schwarzer Schrift auf einem gelben Blechschild hängen an einer Fassade der Sophie-Gips-Höfe in Berlin-Mitte; auch dort ist der Anfangsbuchstabe kleingeschrieben. Ein Foto ist aufrufbar unter: https://common.wikimedia.org/wiki/Category:Bazon_Brock#/media/File:Bazon_Brock_-_Der_Tod_muss_abgeschafft_werden (eingesehen am 15.11.2021).

[60] Vgl. Max Horkheimer: Die Sehnsucht nach dem ganz Anderen. Ein Interview mit Kommentar von Helmut Gumnior; Stundenbücher 97, Hamburg 1970.

[61] Vgl. Wolfgang Hildesheimer: Mitteilungen an Max über den Stand der Dinge und anderes; suhrkamp taschenbuch 1276, Frankfurt am Main 1986.

[62] Mitteilung von Thea Dorn in einem Interview mit Catherine Vogel, das in der Aktuellen Stunde des WDR am 31.10.2021 ausgestrahlt wurde.

[63] Safiye Can: Poesie und Pandemie. Gedichte; Göttingen 2021.

[64] Nach Abschluss dieses Manuskriptes sind erste Beiträge zu dieser Problematik erschienen.

[65] Marie von Ebner-Eschenbach: Aphorismen, Parabeln und Märchen; München 1982, 34.

[66] Georg Büchner: Dantons Tod. Ein Drama (1835), in ders.: Sämtliche Werke, hg. von Paul Stapf; Wiesbaden o. J., 49; Dritter Akt. Das Luxemburg. Ein Saal mit Gefangenen. – Auch dieser Satz wird häufig zwar der Sache nach korrekt, dem Wortlaut nach aber inkorrekt zitiert, etwa als ‚Das Leiden der Unschuldigen' oder ‚Das Leiden der Kinder'.

[67] Vgl. Konrad Schmid: „... dann wird Gott dich mit großen Plagen und bösen Krankheiten heimsuchen" (Dtn 28,59). Eine kurze Religionsgeschichte der Seuchen; Evangelische Theologie 81.2021, 325-337 als Teil des Themenheftes „Pest und andere Plagen. Vom Umgang mit Epidemien in der Antike".

[68] Boethius: Trost der Philosophie. Deutsch von Karl Büchner; Sammlung Dietrich 33, Bremen 1964, 15 (Erstes Buch, Vierte Prosa).

[69] Vgl. Karl Barth: Die Kirchliche Dogmatik III/4. Die Lehre von der Schöpfung; Zollikon-Zürich 1950, 327-425: „Gott und das Nichtige".

[70] A.a.O., 338.

[71] A.a.O., 327.

[72] Vgl. Karl Barth: Das christliche Leben. Die Kirchliche Dogmatik IV/4. Fragmente aus dem Nachlaß. Vorlesungen 1959-1961. Hg. von Hans-Anton Drewes und Eberhard Jüngel; Zürich 1979, KB-GA II/7, 363-399: „Die herrenlosen Gewalten".

[73] Dietrich Bonhoeffer: Widerstand und Ergebung. Briefe und Aufzeichnungen aus der Haft, hg. von Eberhard Bethge; München [7]1966, 150; das folgende Zitat 151.

[74] Martin Luther: Brief an Johann Lang vom 26.10.1516; in Luther Deutsch, hg. von Kurt Aland, Band 10: Die Briefe; Göttingen 1983, 18f.

[75] Martin Luther: Brief an Georg Spalatin vom 19.8.1527; a.a.O., 184.

[76] Martin Luther: Ob man vor dem Sterben fliehen möge (1527); in ders.: Ausgewählte Schriften, hg. von Karin Bornkamm und Gerhard Ebeling, Band 2: Erneuerung von Frömmigkeit und Theologie; Frankfurt am Main 1982, 225-250.

[77] Eine Abbildung ist einsehbar unter: www.akg-images/archive/luther-bei-den-pestkranken (eingesehen am 4.2.2021).

[78] BILD vom 18.9.2020. Ausgabe Ruhrgebiet, 1.

[79] Peter Frey: Tage der Demut; Christ & Welt (Beilage in DIE ZEIT) Nr. 7 vom 12.2.2021, 5.

[80] Vgl. zum Entstehen und Inhalt sowie zur Problematik dieser Formel Werner M. Ruschke: Diakonie als Lebens- und Wesensäußerung der Kirche; in ders.: Spannungsfelder heutiger Diakonie; Stuttgart 2007, 9-17; sowie a.a.O., 33-45, bes. 40-43: „Diakonie erfahren heißt erkennen: Die Kirche lebt!" Zum diakonischen Kirchenverständnis und kirchlichen Diakonieverständnis.

[81] Seneca: Vom glückseligen Leben. Auswahl aus seinen Schriften, hg. von Heinrich Schmidt; Kröner Taschenausgabe 5, Stuttgart 1956, 26.

[82] Vgl. Helmut Gollwitzer: Vortrupp des Lebens; München 1975.

Danksagung

Mein Dank gilt dem Verleger Dr. Werner Steinmann, der meinem Text in seinem sowohl der Theologie wie auch der Literatur dienenden Verlag einen passsenden Raum gewährt. Er hat darüber hinaus für den Teil „Ertrag" sehr hilfreiche philosophische und theologische Hinweise gegeben, die meiner Intention durchaus entsprachen und die ich deshalb gerne aufgenommen habe.

Für aufmerksames Korrekturlesen, verbunden mit mancherlei Hinweisen für sprachliche Präzisierungen, danke ich meinem Sohn Pfarrer Dr. Johannes M. Ruschke.

Und schließlich danke ich meiner Frau, die meine Beschäftigung mit einer ihr eher fernen literarischen Thematik geduldig und nachsichtig begleitet hat. Im Jahr unserer Goldenen Hochzeit widme ich ihr dieses mein vermutlich letztes Buch mit denselben beiden Worten, mit denen ich ihr vor 35 Jahren mein erstes zugeeignet habe.